もう下剋上とは言わせない

~勝利へ導くチーム改革~

井口資仁

Tadahito Iguchi

第一章 監督 5

第二章 コーチ人事 37

第三章　選手起用　61

第四章　育成　117

第一章

監督

1、監督就任のいきさつ

「就任要請を受けるには『マリーンズ黄金時代到来』のビジョンを球団と共有する必要があった」

「一軍監督の職を受けてくれないだろうか？」

2017年、僕は21年間のプロ野球選手生活に終止符を打った。

開幕前から「この年限りで……」と心に決めて臨んだラストシーズン。6月には記者会見を開き現役を退く旨を正式発表。シーズン終了間際の9月24日には、本拠地・ZOZOマリンスタジアムで引退試合を行ってもらった。

千葉ロッテマリーンズ球団から、監督のオファーが届いたのは、その引退試合の直後のことだった。

マリーンズファンの方は憶えてくれているかもしれないが、その引退試合は僕にとって忘れることのできない劇的な展開となった。

2点差を追う9回に回ってきた現役生活最後の打席で同点本塁打。

延長戦の末にチームはサヨナラ勝ち。

現在でも時々、当時のシーンを思い起こすことがあるくらい、印象深い思い出となっている。

引退試合終了直後は、正直なところもう少しその余韻に浸っていたい気分だったが、球団からの突然のオファーに、感傷ムードは一気に吹き飛び、シビアな現実世界に引き戻された。

マリーンズ一軍監督就任のオファーを受けるのか？

2017年9月24日に行われた引退試合では、9回裏に同点2ランを打つことができた

僕はいきなり、とても大きな決断を下さなければならない立場になった。

引退試合を迎える時期まで、引退後にどのような身の振り方をするのか……僕自身がどのような進路に向かうのか、漠然と頭の中では描いていたが、正式には何も決まっていなかった。

解説者や評論家としてマリーンズ以外のチームも含めすべての球団を現場の外から見てみるのも面白そうだ――。

選手としてやり切った思いがあるので、とりあえず1、2年は野球から離れてみるのも、良い休息と経験になるかもしれない――。

そんないくつかの進路候補の中で、自分が一番強く思い描いていたのは米国へ渡っての指導者修行という道だった。


2005年、僕は福岡ダイエーホークス（当時）からMLB（メジャーリーグベースボール）のシカゴ・ホワイトソックスへ移籍。その年、チームは88年ぶりのワールドシリーズ制覇を達成した。その後、ホワイトソックスからフィラデルフィア・フィリーズ→サンディエゴ・パドレス→フィリーズと移籍し、2009年からは日本球界に復帰してマリーンズでプレーするようになったが、その間もずっとホワイトソックスとは親交が続いていた。

実は、そのホワイトソックスからは「現役引退後はコーチとして迎え入れてもいい」という話をもらっていた。

NPBとは違いMLBでは、指導者として選手時代の実績はあまり考慮されず、一からキャリアを積まなければならない。もちろん、指導者経験のない自分の立場では当然、ルーキーリーグからのキャリアスタートとなるはずだ。

選手時代に僕は、ケガをしてマイナーリーグで調整したことはあるものの、それ以外の期間はメジャーリーグのチームに在籍していた。そんな自分にとって、ルーキーリーグや1Aリーグの現場はもちろん初めての体験だ。すべての経験が新鮮で自分の糧になる。

日本野球界に比べスケールの大きな米国球界の全貌を知る上でも、組織のピラミッドの底辺の位置から指導者の経験を積むことは魅力的に映った。

そんな状況の中、急きょ届けられたマリーンズ一軍監督就任のオファーである。

先ほど、現役引退直後の進路は定かではなかったと言ったが、当然、野球と携わっていきたいという大まかな希望やビジョンは抱いていた。

そして、いつかは叶えたい大きな夢もあった。


それは——プロ野球チームのGM（ゼネラルマネジャー）になること。

GMとは、オーナーから任された予算の中で選手を集め、チームを編成する役職だ。

いつかその立場になって、自分の思い描く通りのチームを作りたいと思ってきたし、その夢は現在も抱いている。


言うまでもないが、一人の野球人としてNPB球団の一軍で指揮を執ることは、とても魅力的な仕事だ。実際、監督は自分がなりたいからと言って就けるような職でもない。付け加えるなら、将来的にGMになる夢を目指す上でも、マリーンズの監督になることはプラスのキャリアとなるだろう。

では、それだけ魅力的な仕事のオファーがあった時点で、なぜ即答で承諾しなかったのか？

それは、僕自身の中に監督就任に際し、球団側に呑んでほしいいくつかの条件があったからだ。

当たり前だが、監督を務める以上、目指すのは優勝の二文字である。作り上げたいのは、勝てるチーム……しかもたまたま優勝するのではなく、毎年優勝争いができるようなチーム。いうなれば、「マリーンズ黄金時代到来」が僕が監督として叶えたいビジョンだった。球団側に求めたのは、その大きな目標を実現するために必要な条件だ。

条件の具体的な内容は、本書の中で順に触れていくが、一言でまとめれば、僕の掲げる「マリーンズ黄金時代到来」というビジョンの共有である。

監督の仕事は、与えられた戦力の中から試合に出場する選手を決め、采配を振るうことだ。

ただ、マリーンズが何年も続けて優勝争いをするような強豪チームに成長するためには、監督の権限が及ぶ範囲の改革だけでは限界がある。どうしても球団の協力が不可欠だった。

すぐに球団側とその条件についての交渉が始まった。もちろん、僕自身もやみくもに「マリーンズ黄金時代到来」という目標を球団側に伝えたわけではない。自分なりの手応えを感じた上で掲げたものだ。

現役時代の晩年、僕はスタメンを外れる機会が増え、試合中にベンチで過ごすこともたびたびあった。また引退した年は、一軍を離れ調整のため二軍施設を訪れることも多かった。その際に接した若手選手たちの中には才能に溢れるプレーヤーが何人もいた。彼らが順調に成長すれば常に優勝を狙えるチームを作れるのではないか……。決してひいき目ではなく、マリーンズには、そう期待できるような人材が控えていたのだ。

幸いなことに、球団と重ねた交渉では、監督に就任する上で僕から提示した条件すべてに対して「協力する」という返事をもらえた。

球団と協力しながら目指す目標は、マリーンズ黄金時代の到来！

２０１７年10月12日、僕は千葉ロッテマリーンズ一軍監督に就任した。

2、監督の条件

「大切なのは監督になるためにどんな準備をしてきたか」

マリーンズ監督就任を発表した直後は、メディアからたびたび「選手を引退して、すぐに監督に就任すること」に関する質問を受けた。

NPBではMLBと違い、現役生活を終えた選手が引退直後に在籍していたチームの一軍で指揮を執る場合がある。僕のキャリアもこのパターンだ。

ただ、このパターンで就任した監督は、指導者としての経験に乏しいため、好成績を残すケースが少ないという。実際に、引退直後に一軍監督に就任した場合、その監督がどんな成績を残したのか……根拠となるデータを調べたわけではないので本当のところは定かではないが、少なくとも現在の日本プロ野球界では「引退直後に一軍監督に就任するパターンは、失敗する場合が多い」という考え方が一般的だろう。まずは、コーチに就任して指導者としての経験を積んでから一軍監督の座を目指すべき。または、解説者や評論家としてチームを外から見たり、自分が在籍してきた球団以外の野球も勉強してから一軍チームで指揮を執るべき。これがスタンダードな意見である。

確かに僕自身もこれらの考え方には一理あると思う。一人の選手として、如何にチームに貢献するかという立場から、チーム全体をマネジメントする立場に代わるわけだ。監督として、コーチとして得た経験や、評論家として得た見識が役に立つ場合もあるだろう。何事も経験は武器になると思う。

そんな現在の日本プロ野球界のスタンダードな考え方を受けて、僕はメディアから「引退直後に監督に就任することに不安はないか?」という主旨の質問を何度もされたわけである。

では僕自身は「引退直後に監督に就任する」ことに対してどう考えていたのか?

正直、不安に感じることはほとんどなかった。それは、「引退直後に監督に就任する」パターンには有利な点もあるからだ。

自分が直前まで在籍していたチームの現場のことは、誰よりも知っている立場にある。当時の僕には実際に、どんな指導者や評論家よりも、マリーンズの選手たちの気持ちを理解している自負があった。


2017年、マリーンズは球団史上ワーストのシーズン87敗を記録。そんな大惨敗を喫した状況で、レギュラー選手たちはどうやって試合に向き合っていたのか。

勝てない状況が続く中、どんな疑問を抱きながらプレーしていたのか。

その中で本当に真剣にチームの立て直しに取り組もうと努力していたのは誰か。

ベンチにいる選手たちは、どんな起用法に不満を持っていたのか。

なぜ実力を発揮することができなかったのか。

二軍にいる選手たちがどんな技術的な壁にぶつかって伸び悩んでいたのか。

もちろん、すべての点に関して完璧に把握できていたわけではないだろうが、僕はチームメートであった彼らが考えたり感じたりしていることを自分なりにある程度は理解している自信があった。

監督としてチームを改革していく上で、実際に試合で戦う選手たちの考えを理解しておくことは最も大切なことの一つだろう。これが「引退直後に就任した監督」ならではの長所だ。

だから、僕にはコーチや評論家の経験がないまま一軍監督に就任することへの不安はなかったのである。

それからこれは、監督に就任してから3年経った現在、実感していることだが、引退した直後に監督に就任すること……つまりブランクを空けずに現場に居続けることには、利点がもう一つある。

野球ファンの方ならご存知だと思うが、ここ数年、日本のプロ野球界にはデータ野球の大きな波が押し寄せている。データ測定機器の発達により、たとえばピッチャーの投げたボールの球速だけでなく、回転数や回転軸の方向、変化量、また打球速度や打球角度も計測できるようになった。

　トラックマンという弾道測定器がマツダスタジアム以外の11球団の本拠地スタジアムに導入されており（2020年現在）、さらにいくつかの球団ではＡＩを駆使した映像解析装置も設置している（※マリーンズも2021シーズンから導入）。

　そのデータ化の波に伴い、マリーンズでも2019年にチーム戦略部を新設。各球団によってデータ重視の度合いは違うが、全体で見れば確実に進化したデータ野球が浸透してきている。実際、マリーンズでも5、6年前と比べると、チームで扱うデータは質も量も段違いに増えた。選手たちがデータを把握するために行うミーティングのやり方も変わった。グラウンドレベルの現場では、データ化の大変革が起こっている最中なのである。

　もし自分がプロ野球で指導者としてのキャリアを重ねていこうとするとき、こんな変革期に何年も現場から離れてしまうのは、大きなハンデになるのではないかと感じている。

僕の持つ“ビジョン”を球団が共有してくれたことで、マリーンズ一軍監督就任のオファーを快諾することに

実際にデータを計測して分析するのは専門のアナリストたち――マリーンズで言えばチーム戦略室のスタッフたちだ。ただ、選手たちに技術的な指導をするコーチや監督の立場なら、最低限でもその数字の持つ意味程度は理解しておく必要があるだろう。もちろん、評論家をしながらデータについて勉強できるし、実際に指導者の立場になってから学ぶことだって可能だ。だから進化するデータ野球に遅れをとらずについていけるかどうかは、個々の努力によるのだろう。だが、もしいつか指導者になった時、現役時代の経験だけを元に選手に指導すればいいという考え方でいたら、実際にその立場になった時に大いに苦労するのは明らかだ。

そういう意味では、データ化により野球が大きく変化していっている時期に、僕自身が現役引退後も、現場レベルに居続けられたのは良い経験だったと思っている。

僕は現役生活の晩年、代打での起用が多くなり、だんだんと試合中はベンチで過ごす時間が長くなっていった。そのとき僕はベンチから、「自分だったらどう采配を振るだろう」という視点でゲームを見ていた。

監督はこの場面でなぜあのサインを出したのか……なるほど、そういう狙いがあったのか。

中盤のチャンスに代打策はなしか……自分だったら勝負に出るかもしれないな。

そうか、あの選手は二軍に落とされたのか……モチベーションも上がっていただけに起用すれば面白かったのにな。


常に、将来的に自分が監督になった場合のシミュレーションをしていた。


NPBの一軍監督として結果を残すために、経験が大きな武器となることは否定しない。ただ「引退直後に監督に就任した」場合も、直前までチームメート同士だったからこそコミュニケーションを築きやすいという利点がある。選手たちへの理解度という違う武器を持てるのだ。

大切なのは経験だけではない。監督に就任して3年が経った現在、一番大切なのは「監督になるためにどんな準備をしてきたか」であると実感している。

3、監督の役割

「グラウンド外での仕事は、コーチ陣をマネジメントすること」

プロ野球の一軍監督の仕事とは何だろうか？

その内容は多岐にわたるが、なるべく簡潔に表現するなら、僕は「球団から与えられた戦力を駆使して、できるだけ良い成績・結果を残すこと」であると考える。

ただ、それはグラウンドレベルにおける試合に関しての監督の仕事内容だ。では試合以外のシーンにおける監督の重要職務とは何か……それは優秀なコーチ陣を揃えることだろう。


厳密に言えば、監督にコーチの任命権はない。中には、チーム編成権も持つ全権監督と呼ばれる指揮官もいるが、あくまでも特殊ケース。一般的には、コーチ人事の権限は球団側が握っている。

ただ、人事権こそないものの、実際の現場ではコーチ陣スタッフの顔ぶれに関して、ある程度、監督の希望を球団フロントへ伝えることは可能だ。

僕が監督就任に際して球団側へ提示した条件の一つが「できるだけ自分の希望通りのコーチ陣を揃えること」だった。強いチームを作る上で、それほどにコーチの存在が重要になると考えていたのである。

選手を教えるのがコーチの仕事で、そのコーチを束ねるのが監督の仕事。

これが僕の考える、基本的な選手・コーチ・監督の関係性だ。

だから例えば、ある選手が上手にプレーできずにミスをした場合、それは担当コーチ……守備のミスなら守備コーチ、走塁のミスなら走塁コーチの責任となる。また、あるコーチが選手を上手に指導できなかったら、そのコーチを連れてきた監督である僕の責任となる。

常日頃から、プロ野球の選手たちは試合中に、コンマ数秒という感覚の世界でプレーしている。だからコーチは時として、その選手の感覚に対して、同じく感覚の世界でアドバイスを送る指導が求められる。そういう世界なので当然、選手とコーチには〝合う〟〝合わない〟といった関係性が生じてしまう。

そういう面もあるので、一人の選手を上手に指導できなかったからと言って、すぐにそのコーチの責任問題が発生するわけではないが、あくまでもごく簡単に、僕の考える理想的なチームという組織内の相関図を説明すると、このような選手・コーチ・監督の関係性になるわけだ。

だから、現在のマリーンズでは、例えば試合でミスをした選手を僕自身が直接注意するようなシーンはまずありえない。技術指導に関して……たとえばたまにバッティングに関して選手にアドバイスを送ることはあっても、選手を直接叱った経験は過去3年間の監督生活の中で一度もない。

MLBで監督はフィールドマネジャーと呼ばれているが、僕は試合以外の監督の主な業務は、コーチ陣のマネジメントだと思っている。

では、そのコーチの人選は、どういう基準で行うべきか？

さまざまな意見があると思うが、僕が監督の立場としてコーチに求める第一条件は、僕がやりたい野球……つまり井口野球を理解してくれていることだ。監督として、自分と野球観が全く異なるコーチとは、ともにチームを作ってはいけないだろう。

欲を言えばコーチに求める第二条件には、「自分とは違った視点を持つこと」を挙げたい。当然、監督にはチーム全体を管理・把握する能力が求められる。だが常に完璧にはカバーできない。そこで、自分が気づきにくいポイントを違った視点から指摘してサポートしてくれるようなコーチが側にいたら、非常に心強く感じるだろう。

ただ、その第二条件はあくまで第一条件を満たした上での要求だ。同じ方向を向いて歩きながら、僕が見落とした問題点に気づいてくれるような存在。そういうコーチが何人もいれば理想的だし、そういうコーチたちとなら、ともに強いチームを作っていけると思う。

たまに、監督が自分の右腕となるコーチ陣を、現役時代のチームメートや知り合いの顔ぶれで固めることに否定的な意見を耳にすることがある。おそらく、プライベートでも仲の良い間柄だと、どうしてもなあなあの関係に陥りやすく、良い結果を得られないのではないか……もっと厳しい関係性が必要なのではないか……そう危惧してのことだろう。

現在のマリーンズでは、かつて僕のチームメートだった人にもコーチを務めてもらっている。しかし、僕は彼らが自分の知り合いだから、コーチ就任をお願いしたわけではない。先ほども言ったように、僕の野球を理解してくれているから選んだのだ。

もちろん、プライベートで遊びに行くような友人関係ではない。みんな、僕の意見に対して、自分の意見を持たないようなイエスマンたちでもない。実際、コーチ会議ではお互いの考え方を激しくぶつけ合うこともある。

そういう人物だからこそ、僕も信頼することができるのだ。

僕にとってマリーンズでともに戦うコーチ陣は、野球の価値観を共有できる仲間である。


「マリーンズ黄金時到来」という大きな目標に向かっていきながら、その過程においてお互いに厳しさを持ってより良いチームになるための方策を探していく。それが理想的な監督とコーチの関係性だろう。

4、マリーンズの意識改革

「脱・下剋上の先にある新たなチーム像」

２０１７年に千葉ロッテマリーンズ球団からの一軍監督オファーを受諾した際、僕は球団側に「マリーンズ黄金時代到来」のビジョン共有を提案した。

監督の仕事とは、球団から与えられた戦力をやりくりして最高の結果を残すこと。ただ、監督の頑張りだけでは限界があり、常に優勝争いができるような強豪チームを作ることは難しい。当然、球団側のサポートも必要になってくる。

もちろん「マリーンズ黄金時代到来」という目標を掲げることが、当時のマリーンズにとってかなり高い頂を目指すことであると自覚していた。何しろマリーンズは、僕が生まれた１９７４年以来、リーグ戦で１位になった経験がないチームである。だからこそ、球団側にもその覚悟を持ってもらえるのか確認しておきたかったのだ。

ビジョンの共有や覚悟の確認と聞くと、なんだか上から目線で偉そうに感じるかもしれないが、平たく言えば

「監督を引き受けるからには、僕は絶対に勝ちたいし優勝したい！　そのために協力してください！　球団側もその覚悟を持ってください！」

というお願いである。

「マリーンズ黄金時代」を迎えるためには、現場にいる選手や僕ら首脳陣を含むマリーンズ球団全体で変革に取り組まなければならない。

プロ野球ファンのみなさんは、マリーンズというチームにどのようなイメージを持っているだろうか？　マリーンズと聞いてパッと頭に浮かぶ言葉とは何だろうか？　ポジティブな印象、ネガティブな印象……さまざまな意見があるだろうが、最も多いのは〝下剋上〟というワードだろう。

2005年、マリーンズはボビー・バレンタイン監督の指揮のもと、レギュラーシーズンで2位に入りプレーオフに進出。そのプレーオフで1位の福岡ソフトバンクホークスを破り、当時の規定により31年ぶりのリーグ優勝を達成した。その後、日本シリーズでは阪神タイガーズを4勝0敗で下し、球団史上3度目の日本一にも輝いている。

また2010年には、レギュラーシーズン3位からCS(クライマックスシリーズ)に進み、CS第1ステージで埼玉西武ライオンズ、同第2ステージでホークスに勝利して日本シリーズに出場した。日本シリーズでは中日ドラゴンズを破り5年ぶりの日本一を果たした。

僕自身も2010年当時のメンバーの一人であり、CSや日本シリーズでの熱い戦いを今でも鮮明に覚えている。確か、マリーンズのイメージとして、〝下剋上〟という言葉を聞くようになったのは、この時からだろう。

レギュラーシーズンで優勝できなくても、その後に控えるCSや日本シリーズといった短期決戦では無類の強さを発揮。レギュラーシーズンで敵わなかった上位チームを打ち破る。

そんなマリーンズの戦いぶりが、〝下剋上〟という言葉が使われるようになった由来である。

マリーンズ＝下剋上――。

現在も、これが多くのプロ野球ファンに根付いているイメージだろう。

実をいうと僕は、この〝下剋上〟という言葉があまり好きではない……いや、ハッキリ言うと嫌いである。

なぜなら、〝下剋上〟とは、最初に負けなければ成立しない言葉だからだ。

僕が監督として初めて迎える2018シーズンの開幕直前、次のような出来事があった。

新監督誕生ということで、いくつかのメディアで取り上げてもらったのだが、その中のある雑誌のマリーンズ特集企画の制作過程でちょっとした問題が起こった。

4~5ページに渡る僕のインタビュー記事。その最初の扉ページのゲラに、なんと「目指せ！　下剋上」という見出しが躍っていたのだ。

先ほども言ったように、マリーンズに〝下剋上〟というイメージが定着していることは理解している。しかし、下剋上を目指すということは、初めからレギュラーシーズンでは優勝できないことを意味しているわけだ。

初めから負けることを想定して戦うチームがどこにあるというのだ。

そんなバカなことがあっていいわけがない！

その企画の担当編集者の方に悪意があったわけではないことは理解している。当然、記事掲載前の原稿チェックの段階で修正してもらった。

僕が大目標として掲げる「マリーンズ黄金時代到来」とは、何年かに一度、短期決戦に進出して下剋上を成し遂げるようなチームを作ることではない。目指すのは、常に優勝争いができるような強豪チームになることだ。決して〝下剋上〟が似合うようなチームではない。

これが、僕が〝下剋上〟という言葉を好きではない理由である。

読者のみなさん……特にマリーンズファンの方に誤解がないように断っておくが、2005年と2010年の日本一達成は、間違いなく千葉ロッテマリーンズという球団の輝かしい歴史の1ページである。

激戦の末に勝ち取った日本一の称号。先ほども言ったように僕自身も2010年当時の日本一達成メンバーの一人として、当時のチームやチームメート、その戦いぶりに誇りを持っている。ただ、下剋上を成し遂げたということは、両シーズン共にレギュラーシーズンでは1位になれなかったことの裏返しでもある。

マリーンズは1974年以来、レギュラーシーズンで一度も1位になれていない。僕ら首脳陣や選手などの現場のメンバーを含めたマリーンズ球団全体として、その事実を直視しなければならないと思う。

……そして、可能ならばマリーンズファンのみなさんにも、その事実から目を背けないでもらいたいと思う。

もちろん、優勝を目指してレギュラーシーズンを戦った末、2位または3位の結果に終わり現行規定の通りCSに進出した場合には、ベストを尽くしてその短期決戦を突破できるように戦っていく。ただ、例えばその短期決戦を勝ち抜けたとしても、心から満足してはいけないと思う。

「マリーンズは短期決戦で一波乱起こす」という長所を敢えて捨て去る必要はないが、それがチームの第一のイメージであるようでは強豪チームとは呼べない。

僕らマリーンズ球団が取り組むべき意識変革の第一歩……それは、

脱・下剋上！

下剋上のイメージが払拭され、新たな印象がチームに根付いたときが、マリーンズに黄金時代が到来した証になると僕は思っている。

第二章
コーチ人事

1、二軍改革の必要性／今岡真訪コーチ

「ともに五輪代表としても戦った、盟友であり、親友であり、戦友と呼べる男」

マリーンズの一軍監督に就任した僕が、真っ先に取り組んだのはコーチスタッフの顔ぶれを決めることだった。監督就任会見を開いたのが10月12日。11月1日からは千葉・鴨川での秋季キャンプが控えている。時間的な余裕はなかった。

監督就任オファーの話し合いの中で、球団側から人選については僕の希望を反映してもらえる了承を得たので、その場ですぐにある人物の招聘をお願いした。

真っ先に挙げたのは、当時、阪神タイガースの二軍コーチを務めていた今岡真訪（誠／現・マリーンズ一軍ヘッドコーチ）の名前だ。

今岡は、僕が野球界で最も信頼を置く人物といってよい。彼と僕は同い年でアマチュア時代から親交があり、ともに大学生としてアトランタ五輪に出場した仲でもある。当時の日本代表チームは、社会人選手を中心に構成されていたが、大学生として参加していたのは僕ら2人のみ。プロでは2010年〜2012年までの3シーズン、マリーンズのチームメートとしてプレーし、2010年の日本一達成の喜びもともに味わった。

同じチームに在籍した期間は短いかもしれないが、常に連絡を取り合い、シーズンオフには食事の機会を設けたりして、野球について語り合ったりもしてきた。プライベートでも気の合う仲間の一人だ。いわば、盟友であり、親友であり、戦友でもあると僕は思っている。

当然、僕の野球観を最も理解してくれている人物で、僕が現役時代から「将来的にいつか自分が監督になる機会が訪れたら、彼と一緒に戦ってみたい」と考えていた。

「マリーンズ黄金時代到来」という目標に向かうために、絶対に必要な人材である！　監督オファーの交渉の席で、球団側にはそう強く訴えた。今岡がマリーンズに来て、共にチーム改革に向けてサポート・協力してくれること。それが監督就任を受ける際に、自分の中に設けた条件の一つといってよかった。実際もし、あの時、今岡がマリーンズからのオファーを受けてくれていなかったら、僕自身も監督就任の要請を断っていたかもしれない。

そこまでして迎え入れた今岡には、二軍監督を務めてもらった。

若手選手の育成——。

これは僕が大目標として掲げる「マリーンズ黄金時代到来」の実現のため必要な球団改革において、柱となる方針の一つだ。

監督就任に際し、僕は球団側へ「マリーンズ黄金時代到来」のビジョンの共有をお願いし、前向きな返事をもらった。そこには積極的な戦力補強という意味合いも含まれる。

ただ、シーズンごとに変わってはくるが、マリーンズは選手総年俸が12球団の中で11位とか12位という規模のチームだ。いくら親会社を含めた球団側の積極的な協力を取り付けたからといって、いきなりホークスやイーグルスといった巨大戦力チームに肩を並べることは現実的に難しいことも十分に理解していた。

サラリーキャップ制度のない現在の日本プロ野球において、マリーンズのようなチームがそれらの巨大戦力チームと、どうやれば互角に戦えるのか。

その答えの一つが、若手選手の育成であると僕は考える。

「マリーンズ黄金期到来」のための球団改革。その柱となる若手育成におけるキーとなる二軍監督のポジションを、僕は最も信頼する今岡に託したのだ。

これは現役時代から頭の中にあったことだが、僕は一軍と二軍の待遇には格差があるべきだと考えていた。二軍では猛練習を課し、選手たちが一刻も早くこの場から脱して一軍に昇格したいと願うような環境。逆に一軍選手は、もう二度とそこには戻りたくないと思うような環境。それが理想的な一軍と二軍の在り方だと思う。

ただ、いくら環境が違うからといって、一軍と二軍で指導方法まで変わってしまったら、選手たちは混乱してしまうだろう。だからこそ、監督・コーチといった首脳陣の一軍と二軍の交流は、より緊密にしなければならないと考えた。


監督就任からの3年間、今岡とは頻繁に連絡を取り合い、シーズン中は1か月に1回程度、実際に会って会議を開き、二軍情報の報告を受けていた。

僕が現役の頃とは違い現在は、ありがたいことに、現地に赴かなくともファームの試合をインターネット中継でライブ観戦できる。二軍の試合観戦は、僕のシーズン中の日課になっていて、2019、2020シーズンは全試合をチェックした。

今岡との会議・打ち合わせでは、期待のプロスペクト選手や、インターネット観戦時に僕が気になった選手の調子や様子を聞きながら、育成方針の確認などを行った。


監督就任から3年が経ち、ご存知のように昨シーズンは、安田尚憲、藤原恭大など二軍にいた期待の若手選手たちが、徐々に一軍のステージに上がって来てくれている。

もちろん、まだ十分とまでは言えないが、「マリーンズ黄金時代到来」計画の柱である若手育成の方針は、ある程度順調に花開きつつあるのではないか。僕はそれくらいの手応えを感じている。

過去3シーズン、二軍監督を務めてきた今岡には、2021シーズンから一軍ヘッドコーチのポジションを任せた。その主な理由は二つある。

一つ目の理由は、一軍の打撃力向上のため。昨年は、主に河野亮さんが打撃コーチとして一人で一軍野手全体の打撃指導を担当してきた。ただ、一人で野手全員の打撃の調子を細かく見極めるのは難しかった。兼任で伊志嶺翔大コーチにも指導に加わってもらったが、伊志嶺には他にも走塁や外野守備といった担当があり、十分にはカバーしきれなかったのだ。

実際に、昨シーズンのチーム打率はリーグ最下位。2021シーズンは得点力の向上が必須で、今岡にはヘッドコーチの仕事の他に、河野打撃コーチのサポートとして機能してもらいたいと思っている。

2021年から一軍ヘッドコーチを任せることになった今岡真訪コーチ（写真左）とは、「目指すべき野球」を共有できていると感じる

二つ目の理由は、今季は昨年の安田、藤原に続きさらに多くの若手が一軍に昇格すると予想されること。中には初めて一軍のグラウンドに立つ選手もいるだろう。彼らにとって、二軍で一緒にやっていた今岡が一軍のベンチにいることは心強いだろう。たとえば不調に陥ったとき、今岡なら一軍の各プレーの担当コーチとは違った視点からアドバイスを送れるかもしれない。

今岡一軍ヘッドコーチの人事は、若手選手の台頭という意味も含め、今季のマリーンズの注目ポイントの一つである。

2、内野守備の強化／鳥越裕介コーチ

「一緒にホークスを倒しませんか？」

「将来的に自分が監督を務める機会があるなら、この人たちをコーチとして迎えてチーム作りに取り組んでみたい！」

僕が現役時代からそう考えていたメンバーには、今岡の他にも清水将海バッテリーコーチや的場直樹戦略兼バッテリーコーチ補佐といった面々がいた。両者とも僕の監督就任4年目を迎える今季も共に戦ってもらう優秀なコーチで、とても頼りにしている。

そして、昨季までの一軍ヘッドコーチで、今季からは二軍監督の座に就く鳥越裕介さんもそのうちの一人だ。

鳥越さんは僕がホークスでプレーしていたころのチームメート。ショート鳥越、セ

カンド井口として二遊間のコンビを組んでいた。

僕より3歳年上の鳥越さんは、非常に明るい性格の持ち主。その場の雰囲気を盛り上げられるムードメーカーであり、リーダーの素養もある。僕にとっては兄貴分的な存在で、今岡同様に、「マリーンズ黄金時代到来」計画の実現のためには欠かせないピースだと考えていた

ただ鳥越さんは2006年に現役を引退した翌年から、僕が監督就任オファーを受けた2017年まで11シーズンもホークスの指導者としてキャリアを積んでいる状況だった。いわば常勝ホークスを支えるコーチ陣の中心的人物。しかも、前出の今岡や清水さん、的場は現役時代にマリーンズでプレーした経験があったが、鳥越さんの場合は千葉に縁も所縁もない。

そんな人の心をどうやって動かせばいいのか？

僕は鳥越さんの招聘に関する交渉を球団だけに任せずに、自らもホットラインを使

って口説き落とす作戦に出た。僕の引退試合が終わってから、連日のように電話をしてマリーンズのコーチを引き受けてくれるようにお願いをした。

僕が鳥越さんに伝えたメッセージは

「一緒にホークスを倒しませんか？」

だった。

「ホークスは確かに良いチーム。強いです。でも1チームだけが強いプロ野球界では面白くないでしょう？」

何度目かの電話で鳥越さんはようやく「ＯＫ」の返事をくれた。これは実際に確かめたわけではないけれど、そのコーチ就任のオファーを承諾してくれたということは、鳥越さんも「ホークスを超えるようなチームを作るんだ！」という点に、指導者としての新たなやりがいを見出してくれたのではないだろうか。

鳥越さんには、一軍ヘッドコーチと内野守備走塁コーチを兼務してもらった。

まず期待したのは、内野守備走塁コーチとしての手腕。つまり内野陣のレベルアップだ。

僕が現役を引退した2017年、マリーンズは球団史上ワーストとなるシーズン87敗を喫し、最下位に沈んだ。当然、「打てない、守れない」という感じでチーム全体が不調だったわけだが、特に内野陣は多くの問題を抱えていて、僕が監督として初めて采配を振る2018シーズンを、「内野陣でレギュラー経験があるのは鈴木大地だけ」という状況で迎えなければならないありさまだった。

守りの要と言われるセンターラインは、ショートにルーキーの藤岡裕大、セカンドに初レギュラーの中村奨吾という二遊間コンビ。2人ともポテンシャルは高かったが、ルーキーの藤岡はもちろん、中村に関しても一軍での試合経験が十分とは言えるキャリアではなかった。

2人を含めた内野陣の底上げは急務。これが、鳥越さんをチームに招いた理由の一つだ。

そして鳥越さんに最も期待したことは、ヘッドコーチとしてマリーンズに新しい風を吹き込む役割である。

当時のマリーンズの一軍には、真面目で明るい性格の選手が多かった。決しておとなしいわけではない。

ただ、元気があるのは自軍がリードして攻勢に出ているシーンだけ。いったん、逆転され守勢に回ると途端に下を向いてしまうようなタイプが多かった。

言葉は悪いが、負け犬根性が染みついている状態だったのだ。

鳥越さんには、そんなマリーンズのベンチに、ホークスベンチが持っているような強者のメンタルを注入してもらいたかった。逆転されても、顔を上げ声を出して再逆転を狙う。それこそが戦う集団だろう。

もちろん、長年ホークスでコーチを務めた鳥越さんが中心となってベンチのムード作りをするとはいえ、それがすべての面でホークスの真似をするという意味にはならない。

マリーンズにもホークスにはない長所がある。まずは負け犬根性を払拭した上で、マリーンズらしいカラーを出していけばいいのだ。

監督就任から3年経った現在、その鳥越イズムは徐々にではあるが確実にマリーンズの選手たち、そしてベンチ全体に浸透してきている。

チーム成績は、2018年リーグ5位、2019年4位と順位を上げ、2020年にはついに2位に入りCS進出も果たした。2019年はレギュラーシーズン最終戦の時点までCS進出の可能性を残したが、9月24日の埼玉西武ライオンズ戦で自滅する形で大敗。結局、4位に終わった。

だが翌2020年は、レギュラーシーズン残り2試合の状況で迎えた11月8日の埼玉西武ライオンズ戦に勝利。CS進出を争うチームを直接下し、2位の座を勝ち取った。経験を積みながら、選手たちも確実に大一番のプレッシャーに打ち勝てるようになってきた。

肝心なのは、ここから先である。それまでのマリーンズベンチのムードを変えてくれるような役割を期待して鳥越さんを迎えたわけだが、最終的にはその役目を指導者ではなく選手たちが自ら務められるようにならなければ、本当の意味で戦う集団になったとは言えないだろう。

今季から中村奨吾を新キャプテンに指名したことには、そんなメッセージも含まれている。レギュラーシーズンで優勝し、CSを突破するためには、ベンチのムードや選手の士気という面でもさらなるレベルアップが必要となってくるだろう。

さてそんな鳥越さんには今季から今岡と交代する形で、二軍監督

現役時代に二遊間でコンビを組んだ鳥越裕介コーチには、自ら「一緒にホークスをたおしませんか」とコーチ就任を要請した

のポジションに就いてもらっている。狙いは「マリーンズ黄金時代到来」という目標の若手育成方針をさらに促進させること。鳥越さんなら熱血指導で多くの若手を一軍に送り込んできてくれるだろうし、特に専門である二遊間野手の育成に関しては大いに期待している。

僕が監督に就任した直後2017年ドラフトから4年連続でショートのポジションの選手を指名してきているように、二遊間の選手層を厚くすることは球団としての編成方針の一つである。

福田光輝か、茶谷健太か、西巻賢二か、平沢大河か、それともルーキーの小川龍成か。二軍で鳥越さんや小坂誠コーチ、根元俊一コーチの熱血指導を受け一軍に這い上がってきた若手選手の誰か――開幕一軍メンバーさえ定かではない現時点では、それが誰になるかわからないが――その選手が、一軍で高いレベルでポジション争いを繰り広げるようになったら、それが「マリーンズ黄金時代到来」に一歩近づいたことになると思う。

3、投手陣のやりくり／吉井理人コーチ

「信頼し、起用法も一任するが、最後に決断、責任を取るのは監督の仕事」

第一章でも述べたように僕は、一軍監督を務める上で最も重要な仕事の一つを「優秀なコーチ陣を集めること」だと考えている。

僕にはビジネスの世界に身を置いた経験がないので、偉そうに言えた柄ではないかもしれないが、ある組織・部署のトップの立場から考えれば、その組織・部署全体の成績・結果の良し悪しは、仕事のできる部下をどれだけ抱えられるかにかかっているのではないだろうか。

自分にどれだけ能力があったとしても、一人でできることはたかが知れている。組織・部署全体の利益を最大化するために上司である自分がすべき仕事は、部下を信頼

し、その部下が仕事をしやすい環境を整えること。そして、部下がやった仕事に対して責任を取ること。

僕は監督に就任した3年前からこれまで、そういう意識を持ってチームに在籍してくれたコーチ陣たちと共に戦ってきた。

アマチュア時代からプロで現役を終えるまで、僕は野手の経験しかしてこなかった。自分の専門外である投手の担当……つまり投手コーチに対しては、特にその意識を強く持っている。

実際に、一軍投手に関することは、2019年から投手コーチを務めている吉井理人さんに任せてきた。試合に向けての調整。試合中の継投策。若手投手の育成法。昨季はコロナ禍により変則日程となり、シーズン前半戦では1週間のうちに同じチームと6連戦を行うカードが組まれた。そこで、登板過多によるブルペン陣の疲労を考慮し、起用法の目安となるラインを設定した。僕と吉井さんの間で、「基本的には3連投禁止。1週間に3登板まで」というルールを作った。それも吉井さんからの提案だった。

昨季、マリーンズがシーズン2位の成績を残せたのも、投手陣の頑張りがその原動力となったことは言うまでもない。

よくメディアで「投手陣のことは吉井さんに一任している」と表現されることがあるが、決して仕事を丸投げしているわけではない。コーチ会議では、お互いに意見を言いながら話し合いを進めていくし、たまには立場の違いから考えがぶつかることもある。ただ、その話し合いを経て吉井さんが提案してきた方針に、僕は異議を唱えたことはない。

試合中の投手継投に関しても同様だ。吉井さんから報告を受け、了承する。ノーといったことはない。

信頼してすべてを任せているけれど、最終的な決断は監督である僕の仕事。だから何度も繰り返すが、結果に対する責任は、監督である僕自身が負うべきである。僕はそう考えて采配を振っている。

吉井さんに関しては、たまにメディアから「どのように上手く関係性を保っているか?」と聞かれることがある。初めは質問の意味がよくわからなかったが、話を進めていくとどうやら、吉井さんは投手コーチとして素晴らしい実績を残しながらも短期間でいくつものチームを渡り歩いているため(※2018年にマリーンズに在籍する前は、ファイターズ↓ホークス↓ファイターズで計8年間投手コーチを務めた)「監督と意見が衝突するケースが多いのでは?」という見方があるそうだ。

実はこの質問には上手く答えられなかった。監督としてのコーチに対する考え方は先ほど述べたとおりだ。吉井さんだからといって、特別に何か接し方を変えているわけではない。

ただ、上手く関係性を保てていることだけは間違いないだろう。

(吉井さんに確かめたわけではないので、もしかしたら、そう思っているのは自分の方だけかもしれないが……)

監督の主な仕事の一つは、コーチをマネジメントすること……つまり、関係性を保ち、コーチが仕事をしやすい環境を整えること。そして、チーム成績は、各担当コー

調整法や継投策、育成法など、投手起用については吉井理人コーチに全幅の信頼を寄せ、一任している

チと選手の関係性がどのように機能するかにかかっているといっても過言ではないだろう。

だからこそ、吉井さんはもちろん、今岡や鳥越さん、さらには本書では名前を挙げられなかったすべてのコーチたちに、「マリーンズ黄金時代到来」に向けて、存分に手腕を発揮してもらいたいと思っている。

第三章

選手起用

1、選手の起用方針

「固定化と流動的、このバランスをとりながら試合で使う選手を見極める」

2017年秋、監督就任が発表された後、コーチの人選と並行しながら現場の野球の戦術、戦略に関して手始めに取り組んだのは、レギュラーを決めることだった。内野陣……特に二遊間の固定は急務で、まずは「守備の要」と言われるセンターラインを固めることが必要だと考えた。

11月1日から千葉・鴨川で始まった秋季キャンプで早速、「全員横並びの状態からレギュラー争いをスタートさせる」旨を選手たちに伝えた。

レギュラー争いのゴールは翌年のシーズン開幕の時点。

つまり開幕スタメンを勝ち取ったプレーヤーが新チームのレギュラーとなるわけだ。

それから、これは選手には伝えなかったが、僕の中ではシーズンが始まったら、多少成績が落ち込んだとしても、その選んだメンバーを我慢強くレギュラーとして起用し続けようとも決意していた。内野陣……それも特に二遊間に関してはレギュラーを固定したいと考えていたからだ。

出場メンバーを固定化すること――。選手を流動的に使い回すこと――。

一見すると相反する要素も含むこの二つの事柄は、監督が選手を起用する際の永遠のテーマと言ってもよいだろう。

チームの主力となるレギュラーがある程度、固まっている中で、ベテランには休養を与えつつ、若手には経験を積むための出場機会を与える。そんなバランスで選手を起用していけたら理想的だ。いわゆる「育てながら勝つ野球」である。

しかし、現実はそんなに甘くない。メンバーの固定化と流動性のバランスの取れた起用法は、戦力の整ったチームだからこそ執れる手法である。バランスの良い選手起用ができているから強いチームであると言い換えてもいいかもしれない。

残念ながら僕が監督に就任した当時のマリーンズは、そんな状況ではなかった。自分のチームのことをあまり悪く言うのもはばかられるが、一軍の試合に出場する実力はあるが、シーズンを通してレギュラーを張るほどではない。また、チームの主力になるポテンシャルを秘めている可能性はあるが、それを実際の試合で発揮した経験はない。そんなタイプの選手ばかりだった。

実際、内野手で1年間、レギュラーの座に就いた経験があるのは（鈴木）大地（現・東北楽天ゴールデンイーグルス）ひとりだけ。メンバーの固定化と流動性のバランスの話で言えば、明らかに流動性の方へ重心が傾いているチーム状態だったのだ。

「選手の実力不足を補うのが監督の仕事だろ！」という意見があるのも理解している。

メジャーリーグでは、監督をフィールドマネジャーと呼ぶように、選手起用と采配が試合における監督の主な仕事だ。実際に、調子の良い選手を見極め起用するやり方は、戦力に劣るチームが強豪チームに勝つ常套手段のひとつでもある。

特にマリーンズには、ボビー・バレンタイン監督の時代からそういう風潮があった。

毎試合ごとに先発メンバーや打順を変更し、相手チームを翻弄する手腕はボビーマジックとも評され、実際にチームを日本一にも導いている。僕の前任の伊東勤さん(現中日ドラゴンズヘッドコーチ)も、野球をよく知っている方で、選手の調子を見抜く眼力と相手の裏をかく采配で、不利だと思われた試合で何度も勝ち星を拾ってきた。

監督に就任した際、僕も1試合でも多くチームの勝ちにつながるような選手起用をしたり、采配を振っていきたいと思った。しかし同時に、そのやり方だけでは限界があるとも感じていた。選手起用や采配が当たり、1シーズンなら上位に進出できることもあるだろう。しかし、「この本で僕が何度も言っている「マリーンズ黄金時代到来」とは常に優勝争いをするようなチームのことだ。

現在、僕は監督の立場だが、それでも試合の主役はやはり選手だと思う。選手の駒が揃い、固定化と流動性のバランスの取れた選手起用ができてこそ、初めてチームが黄金期を迎えたと言えるのだ。

その第一歩が、出場メンバーの固定化だった。

マリーンズファンの中には、監督就任当初からの僕の選手起用法を見て、「井口はメンバーを固定して戦うのが好きだ」と感じている方もいるのではないか。

しかし、それは誤解である。

好き嫌いではなく、僕は当時のチームにはメンバーの固定化が必要だと考え、敢えてそうしていたのだ。

僕は選手として、アマチュア時代はもちろん、プロに入ってからも常にレギュラーとして試合に出場してきた。だから正直なところ、当時は控え選手の気持ちなど理解していなかったし、分かろうとする気持ちさえなかった。

ところが、現役晩年にスタメンを外れる機会が増えて、試合中にベンチで控え選手たちと会話するようになったり、二軍の施設で若手選手たちと触れ合うことが多くなるにつれ、徐々にだが彼らの気持ちを理解できるようになっていった。

そこで気づいたのは、一軍メンバーの当落線上にいる選手たち……つまり一軍と二軍を行ったり来たりする選手たちは、僕が想像していた以上に「試合でのミス」を怖がっていることだった。

何度も言うように調子の良い選手を見極めて試合に起用するのは監督の重要な仕事である。だが、その選手起用の流動性側にバランスが偏り過ぎてしまうと、どうなるだろう？

監督が「常に調子の良い選手だけを起用する」ことに拘り過ぎると、どうしても短期間で良し悪しを見極める必要に迫られる。控え選手や二軍の選手たちは、何よりそのことを不安に感じていた。結果が出なければ短期間で二軍に逆戻り。ミスをしたら即スタメン落ち。その結果、彼らはプラスの要素で一軍メンバーとしてアピールすることよりも、できるだけマイナス要素を減らすことに意識が向いてしまっていたのだ。

これが、選手晩年あるいは監督就任当初に、チームの選手起用のバランスが流動性側に傾いてしまっていると感じた理由である。

決して過去の指揮官の方々のやり方を批判しているわけではない。

決められた環境において、与えられた選手でやりくりして最大限の結果を残す。ある意味、職業としてのプロ野球監督の正しい姿と言えるだろう。

しかし、僕はそのやり方だけでは限界があると感じていたし、「マリーンズ黄金時代」は迎えられないとも思った。だからこそ、チーム編成や若手育成にも改革のメスを入れて、環境自体を変えようとしているのである。

2、チームの再編成／鈴木大地

「キャプテン制を廃止した二つの理由」

2017年の秋季キャンプから始まったレギュラー争奪戦。そのキャンプでは、一軍と二軍の枠を撤廃し、すべての選手に横並びの状態から定位置を争ってもらった。

内野陣の中でそのレギュラー争奪戦の唯一の例外が、ただ一人のレギュラー経験者である（鈴木）大地（現・東北楽天ゴールデンイーグルス）。秋季キャンプが始まった時点で、大地本人にもそのことは伝えてあった。

ご存知のように現在は他チームの所属選手なので、本来ならば鈴木選手と表記すべきなのだろうが、かつての仲間でもあるし、この本では普段通りに「大地」と呼びたい。

大地はマリーンズ入団後、主にショートのポジションでプレー。2017年はセカンドを守っている。

だが僕は、この内野陣再編のタイミングで、大地をサードへコンバートした。その理由は、大地の守備面での負担を減らすため。そして二遊間の守備力を強化するためだった。


僕は監督就任直後、チームのキャプテン制を廃止した。その狙いの一つは、それまでキャプテンを務めていた大地に、すべての面で依存しているチーム体質を改善するためだ。

キャプテンであり、打線のポイントゲッターであり、守りの要であるポジションに就き、チームの精神的支柱でもある。そんな彼にどうしても頼りがちになってしまう他の選手たちの意識を変えたかった。

キャプテンでなくなったとしても大地がチームの中心的存在であることに変わりはないのだが、彼以外の選手たちにも「自分がチームを引っ張っていくんだ！」という気概を持ってほしかったのである。

更にもう一点、大地に一人の選手としてもっと自分のプレーに集中してもらいたいという狙いもあった。キャプテンの肩書を外し、二遊間よりも守備の負担が少ないサードとして出場すれば、実際のプレー……特に打撃面で、よりチームに貢献してくれるのではないか。キャプテン制の廃止には、そんな期待もあったのだ。

2019年シーズン、大地は打撃面で、打率・288、15本塁打、68打点と自己最高の数字を残した。そして、このシーズン中に取得した国内FA権を行使して東北楽天ゴールデンイーグルスへ移籍。昨年、イーグルスでは3割近い打率を残し活躍したが、僕個人としてはその数字に驚きはない。元々、大地にはそれくらいの能力はあると分かっていたからだ。

現在は別々のチームで戦う関係だが、野球界の一人の先輩として、彼が野球人としてさらに大きく成長することを願っている。

3、新キャプテン／中村奨吾

「リーグを代表するセカンドに——それだけのポテンシャルは十分ある」

2017年秋季キャンプから2018年開幕にかけてのレギュラー争奪戦を経て、2018シーズンを戦っていく各ポジションのスターティングメンバー——が固まった。内野手陣の顔ぶれは、ファースト・井上晴哉、セカンド・中村奨吾、サード・鈴木大地、ショート・藤岡裕大の4選手だ。

大地以外の3選手がレギュラーポジションに就くのは初めてのこと。一軍の試合で経験を積み、3人ともチームを引っ張るような存在になってほしいと期待したが、特に奨吾に対してはその思いが強かった。

それは彼のキャリアが、自分がプロ入りした当初によく似ていると感じていたからだ。
僕は大学卒業後、1997年に福岡ダイエーホークス（※当時）に入団。即戦力として期待され、プロ1年目からレギュラーとして起用してもらった。ところが、なかなか思うような成績を残せない。ようやく「レギュラーとしてチームに貢献できた」と思えたのは、プロ5年目のことである。

大卒後、ドラフト1位でマリーンズに入団し、2018年にプロ4シーズン目を迎えようとしていた奨吾に、当時の自分の姿がダブったのだ。
もちろん、単にキャリアが似ているからそう思ったわけではない。僕の現役時代――つまりお互いにチームメートの立場だった頃、ロッカールームや食事の席などで会話した内容から、彼がレギュラーとして独り立ちするのに必要な自分の感覚を掴みつつあると感じられた。そんなところも、当時の自分と似通っていたのだ。

ホークス時代に僕が「本当の意味でレギュラーになれた」と実感できたプロ5年目、2001年のシーズン。僕はそれまで守っていたショートからセカンドへコンバートされた。そしてこの年には盗塁王のタイトルも獲得したのだが、今振り返ると、このコンバートと盗塁への意識の高まりが、打撃へ好影響を与えてくれたのではないかと思う（ちなみにこの年の成績は、打率・２６１、30本塁打、97打点、44盗塁）。

ショートとセカンドのポジションでは、守備時の身体の使い方が違い、特にファーストへ送球する際には、全く逆に動かなければならない。僕の場合は、この逆の動き方をすることで、ショートを守っているときに比べて身体の動きにキレが出てきたように感じた。

また、盗塁を意識した結果、必然的にダッシュの練習が増え、それがフィジカル面での能力向上にもつながった。

盗塁するためには、まず出塁しなければならない。そこから、いかに塁に出るか工夫する→投球をよく見て選球眼を磨く→四球数が増え、打率アップにつながる。こんな副作用もあった。

同じような好循環を奨吾にも期待したのだ。

奨吾の2018年の成績は、打率・284、8本塁打、57打点、39盗塁（リーグ2位）。初めて1シーズンを通してレギュラーのポジションを守りぬいた点を考慮すれば、こちらの期待に応えてくれた数字だと思う。

奨吾は、僕がマリーンズの指揮を執ってきた過去3シーズンで、全試合に出場した唯一のプレーヤーである。ケガにも強く、代わりの効かない選手。いわば、マリーンズの心臓のような存在だ。

僕が監督でいる内は今後も全試合出場を続けてほしいと思う。しかし、無理に連続出場に拘って起用するつもりはもちろんない。

2019年のシーズン序盤。奨吾は、試合前の練習中にコーチと衝突し、顔面を10針も縫うケガを負ってしまった。その試合は代打で出場し、翌日からスタメン復帰を果たしたが、それまで好調だった打撃成績は一気に降下してしまう。

今だから話せるが、その時の奨吾のコンディションは本来ならば数試合休ませるべき状態だった。しかし、現実的にはチーム内に奨吾の代わり——特に守備面において

――になるような選手はいなかった。

もちろん、奨吾本人は「行きます！」と言ってくれたが、ガッツのある選手ならみんなそう答えるものである。監督の立場としては、無理をさせてしまったな……と、今でも申し訳なく思っている。

2021シーズン。チームにキャプテン制を復活させ、新しいリーダーには奨吾を指名した。キャプテンになったからといって、やるべきことが何か変わるわけではない。2019シーズン途中辺りから、チームリーダーとしてのポジションが大地から奨吾へ移行しているような雰囲気は感じていたし、世の中がコロナ禍に見舞われた2020年以前までは、奨吾が積極的に若手選手を連れて食事に行っているという報告も受けていた。

このタイミングであえてキャプテン制を復活させて、奨吾にその座を任せたのは、リーダーとしての自覚を深めてほしいという期待からである。

個人の成績に関しても、彼の本来持っているポテンシャルから考えれば2019年

高いポテンシャルを持つからこそ、中村奨吾への期待値もおのずと高くなる

以降の数字では満足できない。ハッキリ言えば不満が残る。

奨吾ならリーグを代表するセカンドになれる。今季は、もう一段ステップアップした彼の姿を期待したい。

4、レギュラー争奪戦

「高いレベルでのポジション争いが、チーム力アップに直結する」

奨吾だけでなく、ショート・藤岡、ファースト・井上も過去3シーズンでレギュラーポジションを守ってきた。

これは、多くのマリーンズファンが理解してくれていて、改めて言うまでもないことかもしれないが、中には誤解している方もいるかもしれないので念のため述べておく。

2017年秋季キャンプから2018年シーズン開幕までのレギュラー争奪戦。本書の中でも触れているが、そこで決まったレギュラーたちを、僕は我慢強く起用していく方針を立てた。一軍の試合に出場する能力がある選手と、一軍で1シーズンポジションを守り切る選手の間には高い壁がある。その壁を越え、レギュラーとして独り立ちしてもらうために多少、不調に陥る時期が続いたとしても試合に出続けてもらおうと考えたわけだ。

ただ、その起用方針を適用したのは、あくまで2018年シーズンまでである。それ以降に関しては、優遇してポジションを与えてきたわけではない。言うまでもなくプロ野球は実力の世界。レギュラー争いは常に行われてきた。付け加えるなら、2018年シーズンも、こちらの限度以上に結果が出ない状況が続けば、レギュラーを交代させなければいけないことは当然、頭にあった。

たとえば藤岡は、ルーキーとして参加した2018年春季キャンプで、最終的に平沢と争った末にレギュラーを獲得。ほぼ1シーズンを通してショートのポジションを守り抜いた。その後も翌2019年春季キャンプ、そして2020年の春季キャンプで行われてきたレギュラー争いも制し——途中ケガで二軍調整の時期はあったものの

――その積み重ねの結果として3年続けてスターティングメンバーに名を連ねてきたのである。

もちろん、最初の「まったく白紙の状態からのレギュラー争い」と2019年&2020年春季キャンプでのレギュラー争いでは意味合いが変わってくる。2017年秋季キャンプから2018年シーズン開幕までの最初のレギュラー争いとは違い、2019&2020年春季キャンプでのレギュラー争いでは、藤岡に対して「レギュラーを守り通した」という実績が加味された上での評価となる。

「公平な定位置争奪戦」とか「横一線のスタートからのレギュラー争い」という言い回しは、あくまで純粋に「どの選手が、シーズンを通して一番チームに貢献してくれるか」という考え方を第一に判断するという意味での表現であり、キャンプのときにたまたま調子の良い選手を開幕スタメンに抜擢するということではない。

ここでは藤岡を例に出して説明しているが、レギュラーの座を奪おうとする立場の選手たちは、レギュラーの実績も含めた評価をひっくり返さなければならないわけだ。

たとえオープン戦で、追う立場の選手が4割の打率を残し、レギュラー選手が2割だったとしても、その事実だけで「はい、レギュラー交代です」とはならない。練習中の内容を含めて「完全にレギュラーより上の実力」であることが示されなければ、評価が覆ることは難しいだろう。

また、レギュラー争いは、キャンプ中だけでなくシーズン中にも行われるが、そこでも同様だ。ファームの試合で少し実績を残したからといって、「すぐに一軍で試してみよう」という判断にならないことも多い。

ドラフト上位指名で、チーム編成上、将来のレギュラー候補と目される有望株……つまりプロスペクト選手ならばまだ、「調子の良い内に一軍の試合を経験させておこう」と判断する場合があるかもしれないが、何度か一軍の試合に出場した経験があるのに結果の出なかった中堅選手なら、より大きなアピールが必要になってくるだろう。

レギュラーを奪うというのは、それほど難しいことなのである。

だが、その一方で、レギュラーがケガなどで戦線を離れ、代役を務めた選手が活躍し、そのままレギュラーの座に定着する、という事例が数多くあるのも事実だ。

これはプロ野球界だけでなく、ビジネスシーンなどを含めた実社会においても同様だと思うが、チャンスはどのタイミングで訪れるかわからない。また、それぞれの立場によってチャンスの訪れる回数も違ってくる。

学生時代なら、定期的に試験の時期が訪れ、そこでアピールや挽回の機会を得られるが、社会に出れば、その試験さえ受けられないケースもあるのだ。


そこで大切なのが、いつチャンスが訪れてもモノにできるように、普段から準備を徹底しておくこと。プロ野球界は、確実にそのチャンスを掴み取った者だけがレギュラーの座に就くことができる世界だ。立場によってチャンスの訪れる回数こそ違うが、絶対にどんな選手にも一度はその機会が訪れる。チームに選手として在籍する限り、ノーチャンスになることはないのだ。

これからレギュラーを狙う若手選手たち、二軍で思うような結果が出ない中堅選手たちには、そのことを肝に銘じて努力してもらいたい。

さて、2021年シーズンも春季キャンプを中心にレギュラー争いが繰り広げられるわけだが、今年は内野手の競争が激化しそうだ。

コロナ禍により来日時期が遅れそうだが、新外国人選手のアデイニー・エチェバリアがレギュラー候補として藤岡と争うことになるだろう。昨季、一軍の試合を経験した茶谷健太、入団3年目の松田進、2年目の福田光輝も一軍キャンプからスタートする。またルーキー小川龍成も「能力が高い」と報告を受けている。ポジション争いは激しくなる。

マリーンズは僕が監督に就任した直後の2017年ドラフトから4年連続で、ショートの選手を指名してきた。また、西巻賢二、茶谷、ベテランの鳥谷敬とショートを守れる選手が何人も他球団から移籍してきた。

なぜショートの選手をこれだけ多く集めたのか？　それは、ショートのポジションだけでレギュラー争いが激化すればいいというわけではもちろんない。ショートを守れれば、セカンドやサードへコンバートすることが可能……という編成上の狙いからだ（その逆――セカンドやサードからショートへのコンバート――は難しいが……）。

新キャプテンの奨吾や4番候補の安田尚憲だって、絶対に安泰というわけではない。

また、ファーストに関しても現時点では井上のレギュラー固定とは考えていない。昨季のオフから外野手登録の山口航輝がファーストの練習に取り組んでいる。またキャッチャーの佐藤都志也にも、出場機会を増やすためにファーストミットを準備させている。


外野手の競争は輪をかけて苛烈だ。昨季、あれだけケガ人が出たにもかかわらず何とかやりくりできたことからもわかるように、現在のマリーンズには外野手の駒が揃っている。昨季は荻野貴司とレオネス・マーティンがスタメンに名を連ね、シーズン途中に藤原恭大もレギュラーの座を掴み取った。だが、レギュラーはこの3選手で決まりかといえば、そう簡単にはいかないだろう。

昨季FAで移籍してきた福田秀平は、期待ほどの数字を残せなかった。しかし、このままでは終われないはずだ。当然、和田康士朗も代走や守備固めでの出場だけでな

プロ1年目から二軍で結果を残し、急成長を遂げている高部瑛斗も、一軍レギュラー候補の一人

く、レギュラーの座を狙っている。そして、最注目は急成長を遂げている高部瑛斗。バットコントロールの上手いヒットメーカーで、今季は一軍でレギュラー定着に迫るような好成績を残してくれると期待している。

若手選手がレギュラーの座を狙い、レギュラーが高い壁として立ちふさがる……高いレベルでのレギュラー争いは、チーム力アップに直結する。

これも「マリーンズ黄金時代到来」に向けて、必ず通らなければならない道だと思う。

5、移籍選手&ベテラン選手に求めるもの

「選手としての戦力以外の部分でも、チームに好影響を与えてほしい」

監督3年目となる2020年シーズンは、移籍などによりチームに何人もの新顔が加わった。

まず、ホークスからFA移籍してきた（福田）秀平。外野手レギュラー陣の一角を奪ってくれるのでは……という期待もあったが、残念ながら彼にとって移籍1年目は苦難続きとなってしまった。

開幕直後に、練習試合中で受けた死球による骨折が判明。いきなり戦線離脱を余儀なくされた。復帰後もなかなか調子が上がらず結局、本来の実力を発揮できないままシーズンが終了してしまう。

ケガがきっかけであり仕方のない面もあるだろうが、正直、こちらの期待した活躍とはかけ離れた内容だった。なにより、秀平本人が一番悔しい思いをしているはず。「今季こそは！」と挽回を誓う思いを相当強く抱いていることだろう。

昨年の春季キャンプ終了後の3月には、前年限りで阪神タイガースを退団していたトリ（鳥谷敬）が加入した。主に内野の守備固めや代走として出場し、シーズン途中には通算350二塁打の記録も達成。あまり多くの出場機会を与えられなかったが、その中でベテランらしい働きをしてくれた。

秀平にとってもトリにとっても、本来の実力や、それまで重ねてきた実績から考えれば、決して納得のいくプレーができたシーズンではなかったかもしれない。だが2人とも、僕が「選手としての戦力以外」について期待したことに関しては、ある程度狙い通りの働きをしてくれた。

その狙いとは、チームに新しい風を吹かすこと……具体的に言えば、チームの雰囲気やムードを変えることだ。鳥越コーチにも求めた役割と同じである。
当然、移籍してきたばかりの選手が、チームの先頭に立ってぐいぐい引っ張ることは難しい。だから、その変化のきっかけになってくれれば……と期待していた。

何度も言うが、マリーンズは僕が現役だった頃から「勝っているときは元気だが、負けているときは下を向いてしまう」タイプの選手が多かった。

では、勝てるチームが醸し出すムードとは、具体的にどういうものを指すのか？
答えは一つだけではないと思う。

たとえばベテラン中心で成熟したチームなら、選手個々がやるべきことを淡々ときっちりこなす落ち着いた雰囲気になるかもしれない。逆に若手主体のチームなら、イケイケ！　ドンドン！　でヤンチャな勢いのあるムードが合うかもしれない。
ただ、試合中に下を向いてしまうようでは、戦う集団になれないことだけは確かだ。

明るく真面目で社交的な性格の秀平は、たとえチームが負けていようが自分が打てなかろうが、ベンチで常に声を出し続けてくれた。用具の準備など役割的に4人で固まることの多かった安田、藤原、佐藤、和田ら若手たちにも、積極的に話しかけ気を配ってくれていた。

チーム最年長のトリは、たとえば結果の出なかった選手の相談役になるなど、チームを後方からフォローする役割を担ってくれた。人間性を含め、彼の経験談に触れたことは、他の選手たちにとって有益だったろう。

投手陣に関しては、イーグルスからFA移籍してきた美馬学が、先発としてチーム最多の10勝をマーク。期待通りの活躍をしてくれた。そして彼は、数字で貢献すると同時に、チームに――特に投手陣に――戦う姿勢を注入してくれた。彼のガッツあふれる投球スタイルに感銘を受けた投手は多くいたのではないだろうか。

もちろん、すべてのピッチャーに美馬と同じように、マウンド上で感情を表に出しながら投球するようになってほしいと言っているわけではない。それぞれのピッチャーには、それぞれのスタイルがある。

ポイントは、強気に内角を突く精神力や、打線の援護があるまで粘り強く投げ続ける勝利への執着といった美馬の長所の中に、何を感じるか。それを自分の中にどう取り込むか。

実際、美馬の戦う姿勢は、2020年シーズンが進むにつれて徐々に他の先発陣にも浸透していったように感じた。

ブルペン陣に関しては、リーダーとしてクローザーで選手会長の益田直也がいたので、士気に関してそれほど心配することはなかったが、シーズン途中にジャイアンツから澤村拓一がトレード加入して、さらに活気づいたようだった。

どのようにして、チームに戦う集団としてのムードを作り出すべきか？

移籍選手がその変化のきっかけになってくれれば……という狙いを述べてきたが、もう一点、ベテランの存在もチームの雰囲気や体質を語る上で重要となってくる。

（荻野）貴司は、多くの後輩を率いる親分タイプの性格ではないが、背中で語ることのできる貴重な存在である。35歳になってもストイックに練習に取り組む姿勢。これは僕も現役生活の晩年に意識して、そうならないように注意していたことだが、ベテラン選手が「自分はベテランだから、この程度の練習でいいや」と手を抜き始めると、途端にチーム全体から緊張感が失われてしまう。

だから僕は、たとえばダッシュ練習で、若手にスピードでは負けたとしても――貴司の場合は今もスピードでも負けていないが――同じ距離・本数をこなしてきた。それがベテラン選手のあるべき姿だと思っていたからだ。

当然、身体的には衰えてくるので、ケガの予防も含めれば、ベテランになるほどむしろ1日の中で野球に向き合う時間は増えてしかるべきなのである。

現在のパ・リーグを見渡しても、例えばホークスの和田毅投手、ライオンズ栗山巧選手……ストイックに練習に向き合い続けるベテラン選手が在籍しているチームには、伝統的な〝強さ〟がある。その姿勢は、引き継がれていくものだからだ。

移籍1年目から選手の相談役になるなど、チームを後方からフォローしてくれた鳥谷敬

貴司とともに長年マリーンズの外野陣を支えてきた角中勝也も、どちらかといえば一匹狼タイプでリーダー向きではないが、貴司と同じように背中で語れる存在である。マリーンズファンの方はご存知かもしれないが、角中は毎打席どんな打球の結果に終わろうが、必ず一塁まで全力疾走する。

些細なことと思うかもしれないが、実は角中のこの姿勢はチームの秩序を保つ上で非常に助かっている。たとえば外国人選手が内野ゴロを放ち、一塁への全力疾走を怠ったとしよう。その際は、必ずすぐに担当コーチを通して釘を刺すようにしているが、角中がそういう姿勢を見せてくれていることで、コーチの言葉にもより一層、説得力が生まれる。

マリーンズでは常に一塁まで全力疾走!

過去に打撃タイトルを2度獲得した実績のある角中も、その姿勢で取り組んでいる。

実際に担当コーチが、どんな言葉で注意しているかまでは定かではないが、そういう主旨で伝えられるわけである。

ただ、欲を言えばチームとしてもう一段レベルアップして、コーチに注意される前に、どんな選手にも全力疾走するようになってもらいたい。

ベテランだろうと、外国人選手だろうと、元メジャーリーガーだろうと関係ない。すべての選手が、自ら「ここでは全力疾走しなければいけないんだ」と自然に思えるようなチームの雰囲気。

これが、「勝つチームが醸し出すムードとは?」という問いに対する、いくつかの具体的な正解例のうちの一つかもしれない。

マリーンズが本当の意味で戦う集団となるために必要なこと――。

実際に監督をやるようになって、実はこの「勝つために必要なチームの雰囲気作り」が最も難しく最も時間を要する作業なのではないか……と実感しつつある。

極端なことを言えば、お金さえ出せば優勝するだけの戦力を整えることは物理的には可能だ。しかし、チームの雰囲気・体質は、少しずつ積み重ねていかなければ醸成しない。

チーム全体で勝者のメンタルを纏えるようになった時、マリーンズに黄金時代が到来したと言えるだろう。

6、監督として目指す理想の野球

「選手個々がやるべきことをやれば、おのずと勝利はついてくる」

第二章で、シーズンをともに戦いたいと思うコーチの条件の一つとして「僕がやりたい野球を理解してくれること」を挙げた。

ただ、改めて「僕のやりたい野球」……つまり井口野球とは何かと問われると、少し答えに窮してしまう。それは、僕の中に「これぞ井口野球だ！」という明確で具体的なスタイルがないからだ。試合に勝つことに対しては最大限に拘るが、正直、野球のスタイルには拘りはない。そのスタイルにこだわらない点が、僕の野球の特徴と言えるかもしれない。

とはいえ、コーチの条件にまで挙げておきながら、そんな答えでは申し訳ないので、敢えて一言でまとめるとするならば、僕が目指すのは「選手がやるべきことをやって、勝つ野球」だろうか……。

２０１７年、監督に就任した直後の秋季キャンプで、僕は選手たちに走塁への意識改革を求めた。「チーム全体でシーズン１４０盗塁」という具体的な目標を設定。塁に出たら常に盗塁を意識するように指示した。また、たとえば右中間を破る打球を放ったら、二塁打で終わらせるのではなく三塁打を目指すような「常に先の塁へ！」という意識も徹底させた。

当時メディアでは、よく「井口が目指すのは走る野球」という書かれ方をしたが、その表現は少し間違っている。

確かに僕は現役時代に盗塁王のタイトルを獲得しているし、試合における走塁の重要性も理解しているつもりだ。

ただ選手たちに走塁への意識改革を求めた最大の理由は、まだホームランテラスが設置されていなかった当時のＺＯＺＯマリンスタジアムが、「足を使った野球」に適した球場だったからである。

ホームランが出にくく、「走る野球」に向いているスタジアムを本拠地にしていながら、当時のマリーンズは機動力を発揮できていなかった。走力がありながら、盗塁を試みようともしない。走るのはベンチからサインが出た時だけ。そんな選手が多かったのだ。だから僕はすべての選手に、「走る野球」を意識し直させた。

では、ホームランテラスが設置された現在のZOZOマリンスタジアムでは、もう「走る野球」は目指さないのか……といえば、その解釈もまた間違いだ。

僕の言う「走る野球」とは、単純に盗塁や、先の塁を狙う意識だけを指すのではない。試合中には、もっと「足を使った野球」ができるシーンがたくさん訪れる。

盗塁が成功するか否か……その結果には各選手の走力が大きく関わってくる。だから、盗塁はすべての選手が簡単にトライできるようなプレーではない。しかし、盗塁の苦手なタイプ……つまり走力のない選手でも、走者として出塁した際に、初めから盗塁の意識を捨てれば、通常よりも大きなリード幅をとることは可能だろう。帰塁することだけを心掛けていれば、牽制で刺される心配もないのではないか。
もし第1リード（※通常のリード）が難しければ、第2リード（※投手が投げ終わった後に、2、3歩スタートを切るリード）だって良い。それだけで相手投手にプレッシャーをかけられる。これも立派な足を使った野球といえるだろう。

「足を使った野球」には、まだまだ深い意味がある。現在のマリーンズの試合で、たとえば和田が一塁に出塁すれば当然、相手バッテリーは盗塁を警戒してくるだろう。すると二塁で刺すために、ストレート中心の配球になる。打者はその配球を読み、そのストレートを狙い打つ。これは一つの例だが、選手たちには打者としてそういう風に思考を展開できるようになってほしい。

一方、走者の立場――この場合は和田だが――では、盗塁を成功させるために相手バッテリーがどのタイミングで変化球を投げてくるか、配球を読むようになるだろう。その球種読みの努力が、走者としてだけでなく打者の立場でも成果を発揮することがある。

単純に走るだけでなく、走塁に対する意識が他のプレーにも波及し相乗効果を生む。それが本当の「足を使った野球」だと思う。

そういう意味では、「足を使った野球」は僕のやりたい野球の一部ではあるが、それは決して走ることに拘ったスタイルではない。だから、「選手がやるべきことをやる野球」という言い方をさせてもらった。

2020年シーズン、マリーンズはリーグトップの491四球を記録した。その際にも「井口野球＝出塁率重視」のような言われ方をしたが、これも「僕のやりたい野球」を正確に表現してはいない。

確かに僕は現役時代から「ヒットもフォアボールも同じ」と考えてプレーしてきた。実際、イニングの先頭打者として四球を選ぶことは、安打を放つことと同等の価値がある。20年のマリーンズが、つながらない打線の弱点を、四球数でカバーする戦いぶりだったことも事実だ。

しかし、シーズン中に僕が選手たちに「フォアボールを狙え！」と指示を出したことは一度もない。たまたま現在のマリーンズには、打席でボールを選びながらアプローチするタイプ……つまり3ボール2ストライクのような深いカウントで勝負をするバッターが多く、その中で基本である「ボール球には手を出さず、見極めていこう」という話をしただけだ。

だから、たとえば藤原のようにファーストストライクから積極的にスイングできるバッターには、打席に入る前から四球での出塁を期待したりしない。むしろ、藤原のようなタイプがもっと増えてくれたらいいとさえ思っている。

実際に、チーム全体で「フォアボールで出塁しよう」という狙いもしていなかった。その証拠に、現在のマリーンズでは、試合前に打者全体のミーティングを行っていない。各バッターはそれぞれ個別にチーム戦略部のスコアラーとミーティングを重ね、それから試合に臨んでいる。

相手バッテリーは試合前の段階で、こちらの打線に対する対策をバッターごとに立ててくる。

真っ直ぐに強いタイプか？

変化球を打つのは上手いのか？

得意なコースは？

逆に苦手なコースは？


そういう過去の対戦データを基に、それぞれの打者への攻め方を組み立てるわけだ。

当然、4番バッターと9番バッターでは、攻め方も変わってくる。相手バッテリーが個別に対策を立ててくるのだから、こちらの打者側も個別に対応すべきなのは明らかだろう。その結果として四球数が増えたに過ぎない。


打者として一番やってはいけないのが、ボール球に手を出して凡退すること。チームとして四球数が多いに越したことはないし、個人の成績としても評価したい。しかし、ボールを選ぶ思いが強いあまり、積極性を失ってしまっては元も子もないだろう。

大切なのは、各選手が自分の打撃スタイルに合わせて、打席の中で慎重さと積極性のバランスを保つこと……つまり、それが野球の基本の一つである「ボールを見極める」という言葉の意味であり、まさに「選手がやるべきことをやる野球」でもあるのだ。

7、チーム作りの理想と現実

「主力とスペシャリストが融合、短期ではなく、長期で勝てるチームとは」

「選手がやるべきことをやって、勝つ」――それが監督として僕が実現したい野球だ。打ちまくる、守り切る、走ってかき回す……そんな具体的な野球スタイルに拘りはない。拘るのは、チームの勝利のみ。それが井口野球である。

では、どんな打線を擁すれば、チームの勝利に近づけるのか？
どんな投手陣を揃えれば、常に勝ち続けられるのか？

これは「やりたい野球」というより、好みの問題にもなってくるが、ここではそんな理想のチーム編成について語ってみたい。

まずは打線・ラインアップについて。

僕は基本的に、1番打者から9番打者までレギュラーで固められた打線が最強だと思っている。そう考えるのは、現役時代の僕自身の経験によるものだ。

打線の中で各打者……たとえば3番打者なら3番の、6番打者なら6番の役割がある。塁に出る仕事。走者を還す仕事。次の打者につなぐ仕事。もちろん、それは試合展開によっても変わってくるわけだが、僕は現役時代から、基本的に自分が打線の中で何をすべきか、チームからどういう役割を求められているのか、常に意識しながらプレーしてきた。

だから、選手の立場としては正直、打順がコロコロ変わるのは苦手だったし、試合当日に球場入りしてから前日と違う打順だとわかると調子が出なかった。

1番から9番までレギュラーで固定された打順。それが選手たちにとってやりやすく、一番実力を発揮しやすいラインアップだと考えている。

どの打者が好調で、どの打者が不調なのか。相手先発投手は右腕なのか、左腕なのか。打線に力があれば、そんなことは関係なく毎試合、同じオーダーで試合に臨める。

理想の打線を語る上で、外国人選手をどう扱うかは、判断が分かれるところだろう。現行のルール上、ＮＰＢでは、１試合で３選手まで外国人野手を起用できる。長打力のあるタイプの外国人選手が３人も並ぶラインアップには当然、破壊力があるだろう。そういう起用がもしかしたら、チームを優勝に導く近道になるかもしれない。

ただ、それは短期的なことで、外国人選手を中心にチーム編成し、打順を構築することは、日本人若手選手の芽を摘んでしまうことにつながるのではないか、と僕は考える。

僕の好みはあくまでも日本人選手中心のチーム編成。そうやってチームを作っていく中で、足りない部分を即戦力の外国人選手に補ってもらう。それが長期的に強いチーム作りにつながっていくのだと思う。

２０１８年＆２０１９年シーズンに戦ったライオンズの打線は、そんな理想形に近い破壊力を持っていた。出塁率が高く盗塁もできる1、2番コンビ。圧倒的な長打力を誇るクリーンアップ。下位打線にも、そこまで打力こそ高くないものの粘って足を使えるタイプの打者が並ぶ。実際に対戦しながら、何度も「どうやって抑え込めばいいのか？」と考えさせられたほどだ。

僕が理想とするチームは、ベンチメンバーも、実力的にレギュラーの下位互換となるような、ただの控え選手たちではない。勝負強い代打、盗塁の上手い代走、完璧でミスのない守備固め、マルチポジションをこなせるユーティリティ。いずれもレギュラー陣を上回る武器を持つスペシャリストたちだ。

この理想の一軍ベンチメンバー編成に対する考え方は、実際の選手起用にも生かしている。たとえば二軍にAとBの2人の外野手がいたとしよう。一軍にもうひとり代走要員を置きたいと考えた時、もしトータルの能力的にAの方が一軍レギュラーに近い実力があったとしても、Bの方が走力が高いと判断すれば、僕はBを一軍に呼ぶだろう。それがチームの勝利を第一に拘った選択だと思う。

何度も言うが、僕が第一に考えるのはチームが勝つことだ。だから理想の一つとして「1番から9番までレギュラー固定」の打線が好みだと話したばかりだが、その時のチーム状況によって、より良い打線の組み方があると思えば、そちらを選択するだろう。

だから、たとえば最近メジャーリーグで見かけるような、3ポジションを4選手でカバーするような選手起用法も否定しない。将来的にマルチタイプの選手が何人もいるようなチームを指揮する場合があれば、そういう野球にトライする可能性もある。

さて、理想の投手陣の編成に関する考え方も、打線と同様だ。左右のバランスの取れた完投能力のある先発陣。クローザー&セットアッパー……つまり勝ちパターンの継投が確立されていて、そこに左のワンポイントとして起用できるスペシャリストも加わる布陣だ。昨季、マリーンズが2位の成績を収められた原動力は、間違いなく投手陣の頑張りによる部分が大きい。すべての面で上手くいったわけではないが、吉井コーチのマネジメントの元、徐々にではあるが確実に理想形に近づいていっていると思う。

投打ともに完璧なチーム。そうやって突き詰めて考えていくと、僕の理想とする究極のチーム編成とは、「試合中に監督が何もしなくても勝てるチーム」に辿り着くのかもしれない……。

もちろん、監督が何もしないというのはあくまでも理想の話だ。実際の試合で監督は、あれこれと工夫しながら、少しでもチームの勝利に近づくような采配を振ることが求められる。

僕も毎日、選手の好不調を見極め、各打者と相手投手との相性を示すデータとにらみ合いながら、「どうやったら打線がつながるのか?」「どうやったら勝利に近づけるか?」を念頭に、細かく打順を組み替えてきた。

また、その際には単純に好調の打者を上位打線に、不調の打者を下位打線に置くだけでなく、本来の実力を発揮できていない打者の調子をいかにして上向かせるか、という点も考慮しなければならない。

2020年シーズンの中で、その狙いが上手くいったシーンがあるので紹介しよう。

8月25日、楽天生命パークで行われたイーグルス戦。この試合で僕は、ショートのレギュラーである藤岡をスタメンから外した。ご存知のように昨季、マリーンズ攻撃陣は不調に陥ってしまう選手が続出。藤岡もそのうちの一人で、本来の調子を取り戻せない状態が続いていた。

その前の試合の成績は2打数無安打。7回に代打を送られている。加えて25日の試合のイーグルスの先発が左腕の弓削隼人投手だったこともあり、彼をスタメンから外したのである。


断わっておくが、この起用の仕方に、たとえば試合で打てないことに対する懲罰的な意味合いなど、もちろんなかった。さらに、藤岡が不調な状態に対して発破をかけるためにケツを叩くといった狙いもほとんどなかった。

そもそも僕は、そういう選手起用を好まない。大チャンスの場面で凡退した選手やミスをした選手を交代させても事態は何も好転しない。それよりも監督が考えるべきは、選手が実力を発揮でき、ミスをしなくなるような環境をいかにして整えられるか……ということだろう。

藤岡をスタメンから外したのは、打撃が不調の状態のまま、得意ではないサウスポーと対戦したら、打撃フォーム自体を崩してしまう怖れもあると判断してのこと。それが僕の起用方針であり、チームの勝利に近づくための考え方だと思っている。

25日の試合で藤岡は、6回裏の守備から出場。その直後に回ってきた7回表の打席で、右腕のJ・T・シャギワ投手から2点タイムリーヒットを放った。

たとえばスタメンとして1試合4打席に立つとき、多くのバッターは打席の中で、相手投手がどんな攻め方をしてくるのか予測を立てる。

前回の対戦で抑えられたパターンで来るのか？

決め球は第一打席と同じ球種か？

カウントを取りに来るストレートを狙う打つべきか？

そう頭を巡らせる。

ところが、途中出場で迎えた打席では、そんな余裕はない。チャンスはその打席しかないので、あれこれ考えずにスイングするしかない。そうやって打つことに集中することが、好結果を生むことがある。さらに、吹っ切れて、その打席が復調のきっかけになったりする場合もある。

この日の藤岡の起用は、その狙いがピタリとはまる采配だった。実際、藤岡はその翌日も、翌々日もヒットを放ってくれた。

代打策にも同じような効き目があると思う。不調の選手を敢えてスタメンから外し、代打で使う。僕はよくこの起用法をすることがあるので、マリーンズファンの方には、今シーズンの試合観戦の折に気にかけておいてもらえたら……と思う。

「監督が何もしないでも勝つ」という理想と、「日々、策を弄して目先の勝利を狙う」という現実。一見すると両者は真逆に位置するように映るが、実は大きな共通点がある。

それは「主役は選手である」という考え方だ。どんな時もプレーするのは選手であり、その結果がチームに勝利をもたらす。

だからこそ僕は、実際の試合で采配を振る際にも、「どうやったら選手が実力を発揮しやすいのか」という視点だけは持ち続けたいと思う。

その意識が、「選手がやるべきことをやって、勝つ野球」につながり、「マリーンズ黄金時代到来」に近づくことになるのだ。

第四章

育成

1、我慢／安田尚憲

「近い将来、真の4番打者としてチームを勝利へ導く存在」

「マリーンズ黄金時代到来」――。

この大目標を達成するためにマリーンズは変わらなければいけない。

その球団改革の柱の一つが、若手の育成だ。

外国人選手やFA選手の獲得、またトレードなどによる戦力補強ももちろん大切だが、サラリーキャップ制度のない現在のNPBでは、マリーンズのような予算規模のチームが常に上位争いをし続けるためには、自前で戦力を整える必要がある。つまり、優秀な選手たちを育て上げなければならない。

現在のチームには、いずれリーグを代表するスター選手に成長する可能性を秘めた、才能あふれる若手が何人も在籍している。

この章では、僕がどんな意図を持って彼らを起用してきたか振り返りながら、僕の若手育成に対する考え方を紹介したい。

最初の才能あふれる若手は、僕が監督に就任した直後の２０１７年ドラフトで、マリーンズが１位指名した安田尚憲。安田は入団直後から、「いずれマリーンズ打線の主軸を担うバッターになる」と、チームから、そしてマリーンズファンから大きな期待を寄せられてきた。

将来の４番。

未来のクリーンアップ。

本人にもその自覚を持つように求めてきた。

ルーキーイヤーの２０１８年シーズンは、一軍で17試合に起用。トップレベルの一軍の投手と60打席、対戦経験を積ませた。起用の狙いは、その経験を通して、プロ野球の一軍レベルと、高校を卒業したばかりの当時の自分の実力に、どれくらいの差があるか実感させること。そこから、自分に足りないもの、成長するための課題を見つけてもらうことだった。

プロ2年目は、二軍でシーズンを通して4番サードとして出場させる方針を採った。たとえ不調に陥ったとしても、ケガなどフィジカル的な問題がなければ極力、試合に出場させる。「4番サード」という近い将来に一軍で自分が就くべきポジションを、とにかく1シーズン通して全うさせることに意味があると考えた。

育てるのは、一軍でプレーできる選手ではなく、一軍で4番を任せられる選手。

これらの育成法は、当時、二軍監督だった今岡と何度も話し合った末に決めた方針だ。ドラフト1位のプロスペクト選手だからこその英才教育と言ってもいいだろう。

安田はこちらの期待通り、イースタンリーグで最多本塁打と最多打点をマーク。あまりにも好調で、実は、シーズン中に二軍から何度か「急成長している。現在は調子も良い」と報告があったほどだ。

そのときは正直なところ、「一軍でどれくらいできるのか、試してみたい」という気持ちにかられたが、迎え入れる側の一軍のチーム状況と微妙にタイミングが合わなかったので、敢えて無理はさせず、当初の育成方針を貫いた。

安田は、2019年オフにプエルトリコのウインターリーグにも参加して活躍した。そして「もう二軍ではやることがない」という状況で迎えたプロ3年目の2020年シーズン。育成計画通り、僕は開幕当初から一軍で起用し、その約1か月後の7月21日からは4番の座に据えた。

なぜ、中軸に比べ気楽な立場で打席に立てる下位打順ではなく4番を任せたのか？

第一の理由は、安田以外に適任者が見当たらなかったからだ。

開幕当初はレアードが4番を務めていたが、腰痛を発症して戦線離脱してしまった。その抜けた4番の座を誰に任せるのか……。

実力だけを考えれば、安田以外の打者……たとえば井上を起用する選択肢もあっただろう。しかし、その井上が打線の中心である4番を打つことにプレッシャーを感じて、調子自体を崩してしまっては元も子もない。すぐにまた代わりの4番を探さなければいけない事態になる。

だったら、近い将来、4番に座るべき安田でいいのではないか。

安田ならアマチュア時代から所属チームの中軸打者しか務めてきていないだろうから、4番のプレッシャーを感じる心配はいらないだろう。

そう考えて抜擢した。

そこからシーズン最終盤まで4番安田を継続。結局、レギュラーシーズン全120試合中87試合で彼を4番に置いた。

安田が2020年シーズンで残した成績は、打率・221、6本塁打、54打点、62四球。

この数字をどう評価するか。もちろん、4番打者としては大いに物足りない。しかし、僕はそれほど悲観してはいない。

シーズン中はよく、安田を4番で起用することに対して

「よく我慢できますね」

「大変ですね」

と声を掛けられた。

確かに我慢は必要だった。目先の試合での勝利だけを優先すれば、安田の代わりにスタメンで起用すべき選手がいたかもしれない。しかし、チームの将来を含めて考えれば、成長を促すためにも4番・安田を続けるべきだ。だがそうやって起用し続けても、安田の成績はなかなか上がらない。

勝利と育成は相反する事柄で、両立するのが非常に難しいと改めて実感したし、そのためには我慢が必要だということも学んだ。

ただ、安田を4番で起用し続けることは僕にとって辛いことではなかった。大変に感じたこともない。

それは安田が「ボールを見極める」ことができたからである。

マーティンに次ぐチーム2位の62四球という数字が示すように、彼は選球眼が良い。自分の中に自分なりのストレイクゾーンを確立して、それを把握できている。だから、変化球――中でもストレイクゾーンからボールゾーンへ変化するボール――に対して必要以上に追いかけることもないし、簡単に体勢を崩されて打ち取られることも少ない。

たとえば昨季の安田と同じように、一軍での出場経験がそれほどない若手選手をレギュラーに定着させるためにスタメンで起用し続けたとしよう。その選手が毎日、試合に出場する過程でデータが蓄積され、苦手なコースや球種が判明してしまうと、相手バッテリーはその弱点を徹底的に突いてくる。

その攻め方に対応できず、ただ凡退するだけならまだいい。だが、自分の弱点を意識するあまり、自分のバッティングフォームを崩してしまったら大問題だ。

落ちるボールにタイミングを狂わされ、泳いだ体勢――上体が投手寄りに突っ込む体勢――でスイングしてしまう。

内角攻めを意識しすぎて、完全に体が開いたまま打ちにいってしまう。

まだ自分のバッティングスタイルを確立できていない若手選手の段階で、そうなってしまったら、バッティング自体が根本から崩れてしまいかねないのだ。

試合で経験を積んで成長することを期待して起用しているのに、それでは経験値を積めないことになる。また場合によっては、マイナスの経験になってしまうことさえある。

だが、安田にはそういう心配をする必要がなかった。打ってくれるに越したことはないが、たとえ凡退が続いても、それが無駄な経験になることはない。だから、彼を4番で起用し続けることに悩まなかったのである。

だからシーズン中は、「結果ではない」と言い聞かせてきた。

打てない打席が続くと、どうしても、まずバットに当てたい意識が芽生えてしまう。安田も例外ではなく、バッティングフォームのトップが小さくなり（※トップの位置が浅く、また低くなるという意味）、スイングするタイミングも遅くなってしまいがちだった。

しかし、僕が彼に求めるのは、そんなスケールの小さな打撃スタイルではない。

「来年、再来年まで考えて打席に入れ！　スケールの大きさだけは見失うな！」

安田が目指すべきは、打線の中心である4番打者なのだ。

今季、安田は昨季の経験を糧にさらに成長してくれるはずだ。もちろん克服すべき課題はいくつもあるが、まず取り組むべきは、「狙ったボールを確実に仕留められるようになる」ことだろう。

打者有利のカウントで、投手がストライクを取りに来るボール。その甘いボールを——特にストレートを——確実に一振りで打ち返せるようにならないと、一軍で結果は残せない。1試合の中で、そんなチャンスは何度も訪れないからだ。しかし昨季の安田は、そのボールを打ち損じてファールにしてしまうシーンが多かった。

シーズン残り6試合の時点で、少し気楽な立場で打席に入れるように4番以外で起用したが、ホーム開催試合が続いた時期だったので、その裏では毎日のように特打を課した。

その成果もあってか、4番に返り咲いたシーズン最後の試合となったCS第2戦では4番の役割を果たしてくれた。「甘いボールを一撃で仕留める」という課題を克服しつつあることを示したことは、今季の飛躍へ向けた大きな光だろう。

2021年、安田に求める数字は、ズバリ！　打率3割、20本塁打。昨季の成績からすると、あまりにも高い目標設定だと感じるかもしれないが、昨季の打撃内容から考えて、僕はそれほど無茶な数字だとは思っていない。

昨季は夏場まで3番・マーティンと5番・井上が、前後の打順からサポートすることで、クリーンアップは機能していた。

たとえば、4番に強打者が控えていれば、相手投手はその強打者の前に走者を出したくないと思い、3番打者に対して「フォアボールになってもいいや！」という大胆な攻め方をしにくくなる。投球はストライクゾーンに集まり、3番打者は打者有利の勝負を展開できるわけだ。

3番が出塁すれば、相手投手は4番の長打を警戒して、今度はストライクゾーンでの勝負を避ける。その結果、4番は四球で出塁……そうやってチャンスがどんどん広がっていく。実際の試合でもよく見かけるシーンだ。

好打者・強打者が並ぶと、そういう相乗効果が生まれる。打撃の個人成績が、前後の打者に影響されるのはこのためである。

入団時から「将来の4番打者」として育成してきた安田尚憲

ところが、9月に入りマーティンと井上の両者ともに不調に陥ってしまい、3番・マーティン、4番・安田、5番・井上の打順が組めなくなった。その結果、安田が孤立することになり、さらに相手バッテリーからのマークがきつくなった。そういう成績が伸びない要因もあったのだ。

今季はたとえ同じような状況になったとしても、安田個人の力で打破できるくらいまで成長してほしい。そして、将来的にはサポートする側にならなければいけない。

4番に安田がいるから、3番打者の打率が上がる。
4番に安田がいるから、5番打者の打点が増える。
僕を含めたチームが期待するのは、近い将来、彼がそういう本物の4番打者に成長してくれることだ。

2、覚醒／藤原恭大

「強靭なメンタルで試合ごと、打席ごとに急成長を遂げた」

2018年ドラフト1位入団の藤原恭大にも、高卒ドラ1という共通点がある安田と同じようなキャリアを踏ませる育成方針を採った。

翌2019年シーズンの一軍開幕スタメンに抜擢。その開幕戦を含め6試合に起用し、プロの一軍レベルの野球を肌で感じ取ってもらった。プロ2年目は、二軍で「1番センター」でフル出場。将来的に一軍で自分が就くべきポジション、担うべき役割をシーズン通して全うする体験を、ファームでしてもらう。

安田と同じルートだ。

ところがこの育成方針に狂いが生じる。

ご存知のように、2020年10月に一軍チーム内で、選手・コーチ・スタッフなど計14名の新型コロナウイルス感染が確認された。PCR検査で陽性判定を受けた7選手に、濃厚接触者となった4選手を合わせた11選手は、ただちに登録抹消。それに合わせて、二軍から藤原を含めた11選手を一軍に昇格させる事態となった。

このコロナ騒動は、2020年シーズンの中でチームが最もピンチに陥った時期だった。単純に主力選手離脱で戦力がダウンしただけでなく、各選手たちが精神的に大きなダメージを負ってしまった。戦線離脱を余儀なくされた選手はもちろんだが、検査で陰性判定を受けた選手たちも、不安を抱え落ち込んでいた。

僕自身、「沈んでいるチームの雰囲気をいかにして払拭するか」に苦心したわけだが、その一方で、「若手育成」という観点だけに絞れば、またとない大きなチャンスでもあると考えていた。

僕は、藤原たち二軍から一軍に昇格してきた選手に
「本気でレギュラーを奪ってみろ！　これはチャンスだ！」

と伝えた。

停滞したムードを打破するためとか、慣れない一軍で緊張する若手たちに発破をかけるためといった狙いは一切ない。本心から出た言葉だった。

僕の真意は彼らに伝わったのではないか。彼らのギラギラした視線が、それを物語っていた。


二軍には、シーズン中から「一度、一軍で試してみたい」と思う選手が何人かいたのだが、なかなかチャンスが訪れず、それを果たせずにいた。言い訳になるが、2020年シーズンは一軍の打撃陣が軒並み不調で、若手を試す余裕がなかったのだ。

たとえば大量得点を挙げ、スタメンが5、6回打席に立つような展開の試合をできれば、若手にチャンスを与えられただろう。しかし、接戦の試合ばかりが続き、たとえ若手を一軍に呼んだとしても、出場させないまま再び二軍に戻す可能性もあるようなチーム状況だった。この辺りが、勝利と育成を両立させることの難しさなのだろう。

それが図らずも、何人かの若手を起用せざるを得ない状況が舞い込んだのだ。若手たちにとっても、一軍の白熱したレギュラーシーズンの試合に、しかも優勝争いを展開している最中の試合に出場できるのは、本当に貴重な経験となる。

当初の育成計画よりも少し早い段階で一軍でのプレーを経験することになったが、藤原はこの舞い込んだチャンスを見事に掴み取った。

シーズン最後のCSまで主にセンターのレギュラーとして、26試合に出場。打率・260、3本塁打、10打点、4盗塁の成績を残した。

藤原の打者としての長所の一つは、適応力・修正力の高さにある。第1、第2打席で凡退しても、第3打席ではきっちりと修正して結果を残す。そういうタイプだ。

たとえば第3打席では、第1、第2打席で打ち取られた変化球に狙いを定め、どのカウントでその変化球が来るかリードを読み切り、狙い通りに仕留める。一軍の試合では、高卒プロ2年目でありながら、そんなバッティングも披露してくれた。いわゆるスマートな野球脳を持った選手なのだろう。

2つ目の長所は、その適応力・修正力の根幹となるメンタルの強さだ。

一言で「強いメンタル」といっても、その意味はさまざまで、たとえば我慢強いことを指す場合もあるし、または逆境に強いことを表したりもするが、藤原の場合は、何事も前向きにとらえられる心……つまりポジティブシンキングとしてのメンタルの強さを持っていると感じる。


僕も現役時代から「チャンスの場面で打席が回ってこい！」と思うタイプだった。一打逆転のチャンスに「プレッシャーがかかるので、打席に立ちたくない」なんて思ったこともない。

試合中に、集中して意識が高まり、いわゆるゾーンに入ったような精神状態になると、攻撃のイニングの頭に、ふと「ん？　この回、ツーアウトフルベースで打席が回ってくるんじゃないか？」なんて予感がよく働く。そんなときの予感はよく当たり、――絶対に二死満塁の状況というわけではないが――チャンスに打順が巡ってきた。

そして、集中しているためか、そういう打席では結果を出せた。現役時代に何度もあった出来事だ。

そんな野球に関してはポジティブシンキングである僕から見ても、藤原はかなり前向きな性格だと思う。野球を楽しめるタイプだ。

コロナ騒動の後、チームが連敗を重ねている時期、当然ながらベンチのムードは最悪だった。選手たちは、みんな「勝たなくては……」という焦りの気持ちが勝り、メンタルをうまくコントロールできていないような状態だった。

そんな状況で、藤原は一人だけ楽しそうにプレーしていた。

「恭大！（一軍の試合は）どうだ！」

と尋ねると

「はい！　楽しくて仕方ないです！」

と返ってくる。

もちろん、若手選手と中堅・ベテラン選手で、チームを背負う意識に差があるのは確かだ。ただ、僕はそうやって常に前向きにプレーする藤原を頼もしく感じた。

また、藤原は練習中も試合中も――決して大げさなたとえではなく――それこそ一日中、バットを手にしていた。試合中は、凡退してベンチに戻ってくると、すぐにバットを持ってその打席の感触の確認作業。その表情からは「早く次の打席回ってこい！」という思いがにじみ出ていた。

相手投手のファーストストライクを積極的にスイングしていけるバッティングスタイルも、メンタルの強さが支えていると思う。

昨季、藤原が一軍の試合で対戦したのは、ほとんど初対戦の投手たちばかりだった。普通は、ほとんど初見の投手を相手に、あんなに思い切りバットを振ることは難しい。ベテラン選手の中には、ファールで粘りながら段々タイミングを合わせていくといった技術がある打者もいるが、藤原はまだ高卒プロ2年目の選手だ。

監督の立場としてだけでなく、元プロ野球選手の一人、元打者の一人としても、素直に凄いことだと思った。

昨季、藤原が毎試合ごと、さらに言えば毎打席ごとに急速に成長していく様子には、正直、驚かされた。そして、その様子を間近で見られたことは、楽しくもあった。成長の伸びしろを、こんなに一気に埋めることのできる選手がいると知れたのも、指導者としていい経験になったと思う。

藤原は昨季、決して絶好調ではなく、普通のコンディションでも一軍の試合でレギュラーとして通用することを示してくれた。今季の課題は、その普通の状態をどれだけキープできるかにあるだろう。

またどんな名選手でも、シーズン中に大なり小なり不調の時期を迎えるが、その不調の時期からどれだけ素早く脱することができるかもポイントとなるだろう。

この課題は打撃コーチの仕事の領分でもあるわけだが、そこさえ克服できれば、さらに上のレベルの選手へ成長してくれると思う。

藤原は、マリーンズ黄金時代の中心選手の一人となるべきプレーヤーである。

2020年シーズン終盤にチャンスをつかみ、ものすごいスピードで成長を遂げた藤原恭大

3、成長／佐藤都志也

「球団待望の打てる捕手へ――1年目の起用法の意味」

2019年ドラフト2位で入団した佐藤都志也のキャッチフレーズと言えば、「強打のキャッチャー」だ。打てる捕手の存在……それはチームにとって大きな意味を持つ。

ご存知のように、現在のプロ野球では、ほとんどのチームが、捕手を8番か9番に置く打線を組んでいる。その枠に、例えばクリーンアップを打てるような打力のある捕手を起用できたら、それだけで大幅な戦力アップになるのは火を見るより明らかだ。

打てる捕手とは、どのチームも喉から手が出るほど欲しいと思う存在なのである。

では、なぜ打てる捕手が貴重な存在なのか？

それは、そもそもキャッチャーが最も育成するのが難しいポジションだからだ。一軍の正捕手の座を掴むためには、身につけなければいけない技術や覚えなければならないことが山ほどある。1人の捕手を一人前に育て上げるのは、非常に大変で時間のかかることであり、それが打てる捕手となればなおさらだ。

平成の「強打のキャッチャー」と言えば、ジャイアンツの阿部慎之助（現・二軍監督）の名前が浮かぶだろう。主将として、4番打者として、長年ジャイアンツを支えたスター選手。球史に残る打てる捕手だ。

阿部は、佐藤と同じく大卒でプロ入りし、ルーキーイヤーからスタメンマスクを被った。1年目の成績は、127試合出場、打率・225、13本塁打、44打点。

普通の新人選手なら十分に立派な成績だと言えるし、実際に僕のプロ1年目の数字を上回っている。ただ、あれほどの大打者が残した成績だと考えると、いかに新人が結果を残すことが難しいか理解できるのではないか。

新人ながら試合に出場し続けられた裏には、本人の努力だけでなく、それまで正捕手を務めていた村田真一さんの全面的なサポートがあったとも聞く。若くして一軍捕手のレギュラーの座を掴むのは、それほど大変なことなのだ。

佐藤が正真正銘、令和の「強打のキャッチャー」になるために、どう育てていけばよいのか？

佐藤には大学時代、外野手としてプレーした経験もあったので、育成方針にはいくつもの選択肢があった。

コーチ会議で話し合われた一つ目の育成法の候補案は、二軍で試合に出場させ続ける起用法。とにかく実戦経験を積ませて、キャッチャーとしてのスキルを磨かせる。これが一番オーソドックスな育成法だろう。

二軍で経験を積みながら、二軍の有望な若手投手が一軍に呼ばれるタイミングで同時昇格。一軍の試合では、まずともに昇格した若手投手とコンビを組み、徐々に担当する投手を増やしていく。一軍で活躍する多くの捕手がたどってきた道だ。

二つ目の候補案は、打力を生かして、一軍の試合に野手として出場しながら、徐々に捕手としての経験を積んでいく育成方法。ライオンズの森友哉選手は、このパターンで正捕手の座に就いた。

この育成法のメリットは、割と早い段階に一軍で打席に立つ経験を積めることだろう。まず打者として「一軍でも通用する」というレベルまで成長できれば、後に捕手として試合に出場する際に、打撃への不安が無くなり負担は減るはずだ。もちろん、チームにとっても、打力のある選手を試合で使えることはプラスに働く。

デメリットは、正捕手の座に就くまで時間を要す点だ。ただ、先に打者として成長し、クリーンアップを務められるくらいになれば、たとえば昨季のホークス・栗原陵矢選手のように、野手として出場し続ける選択もある（※もちろん栗原選手が今後、捕手として活躍する可能性があることは理解している）。

そんな候補がある中、佐藤のルーキーイヤーの育成法として僕らが選択したのは、第三捕手として一軍に帯同させるやり方だった。

その理由は、彼にとって一軍に帯同することが、一軍正捕手への最短距離だと判断したからだ。

先程も言ったように、一軍で捕手としてプレーするためには、身につけなければならないこと、覚えなければならないことが山ほどある。ブロッキングやフレーミングといったテクニック、リードの巧みさ、ランナーを刺せる強肩……挙げれば切りがないが、最も大切なことは、一軍の投手から信頼を得ることだ。

このキャッチャーなら、自分がどんなボールを投げても、弾いたり後ろに逸らしたりしない。

このキャッチャーなら、自分の長所を引き出してくれる。

ベテランピッチャーは別だが、ほとんどの投手は、そう信じるからこそ全力で投球できるのだ。「コイツで大丈夫か？」という思いがあったら、投手は能力を発揮しきれない。

その投手からの信頼を得る第一歩が、投手の投げるボールを知ることだ。どんな持ち球があって、それぞれにどんな特徴があるのか。そのためにシーズン中、佐藤には通常の練習の合間を縫って、できるだけブルペンに入らせた。一軍の試合でマスクをかぶるのなら、一軍の投手のボールを知ることが近道になる。捕手としての実戦経験が減ることも覚悟の上で、僕らはそう判断した。

投手の投げるボールを知ることは、投手から信頼を得るための第一歩に過ぎない。持ち球の特徴をインプットできたら、今度はその特徴を生かしてどう配球するのがいいか考える。

その投手が、どんなボールを投げるときに調子が良くて、逆にどんなときが不調なのか、クセのようなものを掴んでおく。

性格も把握し、どんな球種で、どうやって相手バッターを抑えたら気分が乗り、調子が上がっていくか知っておく。

一軍で活躍する捕手たちは、そこまでやって投手からの信頼を得て、投手としての能力を引き出しているのだ。

当たり前ではあるが、実戦に勝る経験はない。捕手としての実戦経験不足を補うために、タイミングが合えば、二軍施設のある浦和でファームのデーゲームに出場させ、ZOZOマリンスタジアムでの一軍ナイターではベンチ入りさせるという起用もしたが、決して十分とは言えなかった。

だが、想像力を磨けば、実戦に近い経験を積むことは可能だ。バッテリーミーティングに参加しているので、相手打者のデータは揃っている。そこで味方の守備の場面では、ベンチに座りながら、自分が捕手のポジションに就いているつもりで、実戦に合わせてリードしてみる。

ベンチ内からは、投球がどのコースに決まったかまで確認するのは難しいが、今の時代は試合後に映像でいくらでも振り返ることが可能だ。すべてのシーンは難しいだろうが、試合の大事な局面だけでも振り返りながら、たとえば正捕手の田村龍弘と自分のリードにどこか違いがあったのか、違うなら田村はなぜその配球を選んだのか……そうやって考えていくことで、捕手として実戦に近い経験を積むことができるだろう。想像力次第で経験値は上がるのだ。

試合中にベンチにいた時間を佐藤がどう有益に過ごしたか。それは今後の彼の成長の仕方によってわかってくるだろう。

佐藤は昨季、6月27日オリックス・バファローズ戦の10回裏に代打で出場。プロ3打席目で初安打となるサヨナラヒットを放つ鮮烈なデビューを飾った。

入団前からの「打てる捕手」の評判通り、単純に打つことだけなら、いきなりプロ一軍でも通用することを証明してくれた。

代打に与えられたチャンスは、その打席のみ。配球を読むことも大切だが、とにかく「来た球を打つ」ことに意識を集中させなければならない。集中力の高い佐藤は、代打として活躍できるタイプだろう。

一方、1試合に4回以上打席に立つスタメン選手は、相手バッテリーといろいろ駆け引きをしなければならない。

第1打席で打ち取られた変化球を、また決め球に使ってくるのではないか？

3連戦の初戦では、ストレートを打ち返したが、裏をかいて今度も真っすぐ中心の攻め方をしてくるのでは？

そんなことを頭に巡らせながら、打席に入らなければならないのだ。

相手バッテリーとの駆け引きが上手くなるには、経験を積むのが一番だ。しかし、残念ながら昨季の佐藤には、十分といえるほど打席経験を与えられなかった。

それは佐藤の育成面だけの話でなく、純粋に彼の打力を戦力としてもっと生かす起用ができたのではないか、という反省点でもある。

出場機会を増やすため、シーズン中盤に外野手としての守備練習もさせたが、マリーンズの外野陣は駒が揃っており、なかなかその機会は訪れなかった。ただ、オフにはファーストとしての練習も始めてもらったので、今季は起用法に幅ができると思う。

打撃も伸ばしつつ、将来的には「打てる捕手」としてチームの中心に座って欲しい佐藤都志也

佐藤のルーキーイヤーは、もしかしたらマリーンズファンのみなさんにとっては目に見える形で成長を感じ取るのが難しい1年だったかもしれない。しかし、彼は着実にプロの捕手として育成のステップを踏んでいる。

佐藤にとってこのプロ1年目の経験が、これから田村と正捕手の座を争っていく中で必ず生きてくると、僕は思っている。

4、可能性／和田康士朗

「圧倒的な才能とスケールスピードを生かしてレギュラー獲得を」

育成選手出身の和田康士朗は、２０２０年シーズン開幕直前の6月1日に支配下登録された。

彼の持つ最大の武器はスピードだ。代走として一軍デビューすると、瞬く間に「新たなスピードスター誕生」と人気選手の一人となった。

また、高校時代は野球部に所属せずクラブチームでプレーし、独立リーグを経てプロ入りした異色の経歴も注目を集めた。

和田という選手を一言で表すとすれば、才能の塊だ。

持ち味である俊足を生かした盗塁を含む走塁や、守備の面ばかりに関心が集まるが、実は打撃面でもセンスがあり、特に常にフルスイングできるバッティングスタイルは、魅力的である。

彼には〝和ギータ〟というニックネームがあるそうだが、今後のフィジカルの成長次第では、本家ホークス柳田悠岐選手のようなスケールのプレーヤーに化けることもあり得ると僕は睨んでいる。

注目される走塁に関しても、実は盗塁のスタート練習を本格的に始めたのは、2019年の秋季キャンプから。まだ粗削りだが、その分大きな可能性も秘めている逸材だ。

コロナ禍により開幕が延期になったため、6月の支配下登録となったが、シーズンが通常通りの日程で行われていたとしても、開幕から一軍メンバーとして起用しようと思っていた。

「若手育成」を語る上で、経験は欠かせない要素だろう。どんな選手も経験を通して成長していく。

ただ僕は、若手選手――その中でも特に和田のようなアマチュア時代の経験に乏しい選手――の育成に関しては、経験の質を重要視している。

できるだけ良い体験だけをし続けてほしい――。

良い体験とは、成功体験のことだ。

ここからはメンタルトレーニングにも通じる話になるが、僕はこの成功体験こそが、若手が大選手へ成長するための過程における〝核〟になると思っている。

送りバントを決める、内野ゴロをひとつ捌く……どんなに小さな成功体験でもいい。

一軍に抜擢されたばかりの若手たちは、その小さな成功体験から、小さな自信を得ることになる。
するとメンタルにおけるモチベーション、またはそれに伴う行動が次のような変遷をたどる。

自信を得る↓もっと野球を好きになり、もっと上達したいと思う↓練習に励み、上達する↓前よりも大きな成功体験を得る↓もっともっと上達したいと思う↓……。

このループに乗った時、若手選手はものすごい勢いで上達していく。まさに最強ループと言ってよい。
だから僕は、あまりキャリアのない若手選手ほど、一軍の舞台で成功体験を積んでもらいたいと考えている。

8月16日の北海道日本ハムファイターズ戦で、初めて和田をスタメンで出場させたが、その起用も、相手先発のドリュー・バーヘイゲン投手のクイックモーションの計測タイムなどから、「和田なら塁に出れば盗塁を決める可能性が高いだろう」と予測してのものだった。

和田に、できるだけ成功体験を重ねてもらいたい。

その試合で3安打3盗塁を記録したのには驚かされたし、それを決めた和田が素晴らしいのは間違いないのだが、あのスタメン起用にはそういう狙いもあったのだ。


それから、僕が一軍経験の少ない若手を起用する上でもう一つ気を付けているのは、あまりにも連続して試合に出場させ過ぎない点だ。ある程度、休み休み起用していく必要があると考えている。

理由は、疲労を軽減するためだ。

ただ、僕が心配するのは、身体の疲労ではなく、心の疲労である。


読者のみなさんも、初めて出勤する職場で、それほどハードな仕事もしていないのにかなり疲れてしまった経験があるのではないか。同じようなことが、初めて一軍を経験する若手選手にも起こっている。ベンチでの過ごし方、多くの観客の前でのプレー、相手一軍本拠地への遠征……すべてが初めての経験で、若手選手は、それらの膨大な量のデータをインプットしながら、初めて経験する一軍レベルの野球に適応しなければならない。

たまに一軍の試合でも、プロとは思えないような大ミスが起こるシーンがあるが、あれは、主にそういう精神的疲労が引き起こしたプレーだと思う。

だから僕は、彼らに適度に頭を整理するための時間を与えたいと思いながら起用法を決めている。

プロ野球界では身体的疲労ばかりが注目され、中堅選手やベテラン選手には休みを与えながら起用するべきだという意見をよく耳にする。僕も42歳まで現役生活を続けたので、身体的疲労がプレーにどれだけ悪影響を与えるか理解しているつもりだ。

だから監督としてベテラン選手にはある程度の配慮をしてきたつもりだが、中堅選手の肉体的疲労にそこまで気を配る必要があるかどうかは、少々、疑問に思う。

身体的疲労なら、練習の仕方や食事の摂り方などで対処できる部分もある。またチームにはトレーナーも在籍している。身体的疲労を軽視しているわけではないし、正確に言えば、肉体的疲労と精神的疲労にはリンクしている部分もあるので、ノーケアでいいというわけでもない。
ただ、中堅選手ならば、それくらいの工夫をして対応できるようになってほしいというのが正直な気持ちだ。

その一方で、精神的疲労……つまり頭を整理するためには、ある程度の時間が必要になってくる。僕は若手たちにそのための時間を与えているのだ。

先程、成功体験から得た自信が核となり、「野球が楽しい」という想いが、もっと上達したいというモチベーションになると話したが、モチベーションの基となる想いや感情には、それ以外にもいくつかの要素がある。たとえば、
ライバルに負けたくない気持ち。
ミスをして悔しい気持ち。
自分のポジションを奪われるのではという危機感。

僕は「野球が楽しい」という気持ちが最強だと言ったが、他の想いや感情がモチベーションのきっかけになることを否定はしない。

僕が福岡ダイエーホークスでプレーしていたころ、チームメートには、現ホークス一軍ヘッドコーチの小久保裕紀さん、今年の春季キャンプでマリーンズの臨時打撃コーチを務めてもらった松中信彦さん、そして、ホークスの球団会長付特別アドバイザーを務める城島健司（ジョー）といった名選手がいた。

僕を含めた4人はホークス四天王と呼ばれることもあり、それぞれがお互いを強烈に意識し合っていた。決して仲が悪かったわけではない。みんなチームの勝利を目指して戦っていた。ただ、2人きりで食事に行くのは、おそらく僕とジョーの組み合わせだけだったろう。それくらい普段から、火花が散る関係ではあった。

小久保さんが同点打を打ったら、負けずにオレは逆転打だ！

松中さんがホームランを打つなら、オレは盗塁でアピールしよう。

ジョーがナイスリードで相手打線を抑えるなら、オレは守備でピッチャーを助けてやる！

僕もそういう想いを抱きながらプレーしていたし、それがお互いに切磋琢磨することにもつながったと思う。

モチベーションを上げるために、ライバルを見つけることは有効な手段だ。だが、「ライバルに勝ちたい」気持ちだけでは、先ほど説明した成長の無限ループを持続できない。なぜなら、そのライバルに勝った瞬間に、当初の目標を達成してしまうからだ。

「ミスをして悔しい気持ち」に関しても同様である。同じミスをしないようなレベルまで上達したら……つまり、マイナスだったものがゼロに戻ったら、モチベーションは萎んでしまう。

それに、若手選手たちがプロ野球選手人生を歩んでいく中で、大きな壁に阻まれ悔しい気持ちを抱くシーンには必ず何度も遭遇する。あえて若いうちに体験するまでもないだろう。

それから、危機感によってモチベーションを保つやり方に関しては、あまりお勧めはできない。なぜなら、度が過ぎてしまうと、マイナスに作用する場合があるからである。

上手にプレーできなければレギュラーを外されてしまうのでは……。

エラーをしたら二軍に落とされてしまうのでは……。

そんなことを思いながらプレーしていたら、選手は本来の実力を発揮できないだろう。それでは育成の理念自体から外れてしまうことになる。

競争意識を煽りすぎると、バランスを欠いて、自分が上達して競争相手を上回ることより、競争相手がケガやミスをして下回ることを期待してしまう可能性もある。

劇薬になることもあるので、あくまで危機感によるモチベーションの維持は、スパイス的に作用させなければならない。

これらの理由で僕は、「野球が楽しい」というポジティブな想いこそ、野球上達のモチベーションの基となる感情に、最もふさわしいと思っている。

だからこそ、キャリアの浅い若手選手には、その核となる成功体験を重ねてほしいと考えている。


2020年シーズン。僕はこういう意識を持ちながら和田の育成に臨んできた。

和田には、走攻守すべての面でレベルアップしてほしいと願うし、そのすべての面でまだ大きな伸びしろを持っているとも思う。

ただ、当面の大きな課題は打撃面での成長だろう。


たとえば、セーフティバントの練習をするなど、和田もそろそろ、武器である足を生かした打撃にも取り組み始めていい段階にきている。

ただ、注意しなければいけないのは、その際に彼のバッティングの長所であるフルスイングの意識だけは失わないことだ。追い込まれるまではフルスイング。2ストライクになったら、バットに当てる意識を少し強くして、三遊間へ内野安打を狙う……

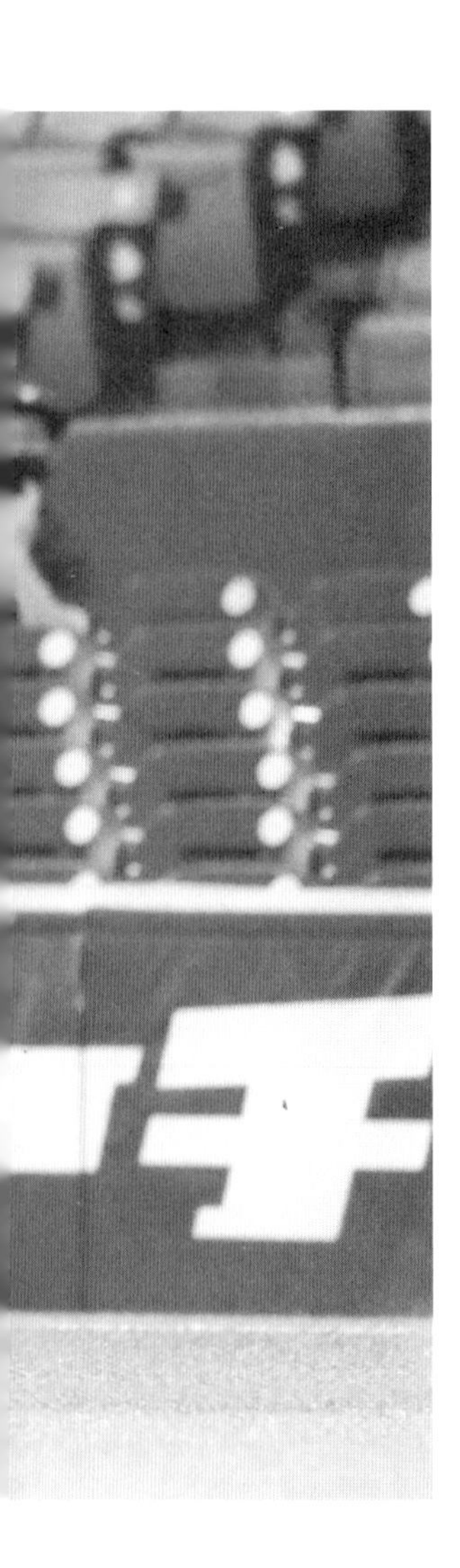

そんな工夫をしてみてもよいだろう。

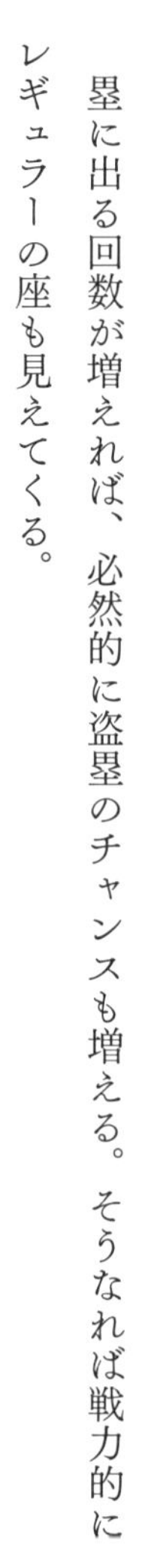

塁に出る回数が増えれば、必然的に盗塁のチャンスも増える。そうなれば戦力的にレギュラーの座も見えてくる。

和田がどこまでスケールの大きな選手に育つのか……非常に楽しみだ。

抜群のスピードを武器に2021年はレギュラーを狙う和田康士朗

5、未来／佐々木朗希

「いずれ世界へ羽ばたく才能 まずはロッテ、そして日本球界のエースに」

2019年ドラフト1位指名で入団した未来の球界のエース・佐々木朗希。

昨年は、シーズンを通して多くのマリーンズファンが彼の動向を気にかけ続け、「どんなボールを投げるんだ⁉」「いつ一軍登板するんだ⁉」とウキウキしながらもヤキモキした気持ちを抱いていたのではないだろうか。

何を隠そう、実を言うと僕も、みなさんと同じような気持ちだった（笑）。

大事に育てたい。でも、早く一軍のマウンドに立つ姿も見たい。

監督としても、そんな気持ちの板挟みだった。

本書でも説明したが、朗希の育成に関しては吉井投手コーチと会議を重ね、大枠となる方針を決定。具体的な細かい調整法は、専門家である吉井さんに一任し、トレーニングの経過は逐一報告してもらうシステムを採った。

プロ1年目の大きな育成方針として、吉井さんと共有した内容は、主に以下の2点だ。

「一軍のマウンドに上がるためにはフィジカル面の強化が必要」

「絶対に無理はさせない」

一軍のチーム事情で登板させない。登板するからには、絶好調の状態でマウンドに送り出す。そういう起用方針だった。

開幕前の計画では、シーズン終盤に何試合か実戦を経験するはずだったのだが、なかなかフィジカル面での調整のタイミングが合わず、結局、シーズン最後まで朗希が実戦マウンドに立つことはなかった。

球速160キロを超えるボールを操ることからもわかるように、朗希のフィジカルはトータル的には非常に優れている。

ただ、あまり詳しくは言えないが、入団したばかりの頃は、ある部位の筋肉はプロ野球界でもトップクラスに発達しているが、別の部位はプロ野球選手の平均値以下の筋力しかない、というようなフィジカルだった。

その肉体で、球速160キロ以上のボールを、週に一度投げ続けたら故障の危険性もある。それが僕と吉井さんの共通見解だった。

残念ながらプロ1年目はマウンドに立つ姿を披露できなかったが、1年間のトレーニングの成果は、見違えるほど大きくなった肉体が証明している。順調に調整できれば、今季はオープン戦でプロ選手を相手にした初登板を見られるのではないか……と期待している。

3年前に僕が監督に就任した時から徐々に進めてきた二軍改革も、朗希を含めた若手選手の成長を後押ししていると思う。

管理栄養士と契約し、ZOZOマリンスタジアムと浦和の選手寮の食堂メニューを改善。若手選手たちには、できるだけスタジアムと寮で食事を摂るように指示した。

実は以前は寮住まいの一軍選手はホテルに滞在しながらZOZOマリンスタジアムに通っていたのだが、現在はナイター後もタクシーで帰寮する決まりを設けた。寮とスタジアムの間の移動時間が長くなることは百も承知しているが、それでもフィジカル強化のために、バランスの取れた食事を摂る方にメリットがあると判断したわけだ。

また寮の選手が夜間に外出する際には、報告するルールも設けた。念のために断っておくが、食事に関しても、外出に関しても、決して選手たちの生活を管理したいわけではない。

プロのアスリートなのだから、選手個々で自分の体調をコントロールできれば問題ない。しかし、金銭的にも若手選手がそのやり方を実践するのは難しいだろう。だから、チームとしてまとめてサポートしているのだ。

ルーキーイヤーは公式戦登板がなかった佐々木朗希。世界へ羽ばたく才能を、ロッテで開花させて欲しい

夜間の外出に関しても、報告があれば普通に許可を出しているし、門限も設けていない。できるだけ不要な外出を避け、寮で食事を摂ってほしいというだけである。

昨年、朗希はこういう環境の中で、トレーニングに励み、フィジカル面を強化してきた。

贔屓目ではなく、単純にボールを投げる動作に関して、朗希は群を抜いた能力を持っている。ブルペンでの投球やシート打撃の登板を間近で見ると、惚れ惚れするほどだ。

素質的には、メジャーリーグを含め僕が現役時代に対戦してきた投手たちの中でも、間違いなくトップクラスに位置する。

先発ローテーションの一角として、シーズンを通して登板するのがいつになるのか……今年になるのか、それとも来年になるのか。まだ定かではないが、そうなったときに彼がシーズン20勝をマークしても僕は驚かないだろう。それくらいの能力の持ち主なのだ。

朗希が将来的にどれくらいのスケールの投手に成長するかは、本人の努力次第だ。もしかしたら、これは監督として口にしてはいけない言葉かもしれないが、将来的には世界の舞台に羽ばたいていく才能だと思う。

果たしてその日は訪れるのか……。

もし、その時まで僕が監督を務めていたとしたら、きっと僕は「マリーンズ黄金時代」の中心投手として、チームに何度も優勝をもたらす活躍をしてくれた朗希を快く送り出すだろう。

おわりに

2020年11月8日、ZOZOマリンスタジアムで行われた埼玉西武ライオンズ戦。僕らマリーンズは8対2で勝利し、レギュラーシーズン2位の順位を確定させた。

僕にとっては、監督就任3年目にして初のCS進出決定——。

優勝したわけではない。しかも首位ホークスに14ゲームも離された2位である……チームとして小さな、とても小さな進歩を示したに過ぎないことは理解している。

だが僕は、この日の勝利に大きな手応えを感じていた。

コロナ禍により開幕が約3か月延期された2020年シーズンは、マリーンズにとって激動の1年だった。

主力選手のケガによる離脱、ジェイ・ジャクソンの退団など、いくつものアクシデントに見舞われたが、最大のピンチと言えばやはり、10月にチームを襲ったコロナ騒動だろう。
一軍チーム内で新型コロナウイルスの感染者が確認され、それに伴い主力選手の大量離脱を余儀なくされた。チームは瞬く間に連敗街道を歩むことになる。

このコロナ騒動は、単純に戦力がダウンしてしまったこと以上に、チームに大きなダメージを与えた。ＰＣＲ検査で陽性反応が出た選手たちは、回復に努めながら「後遺症もなく、元通りにプレーできるようになるのか」という不安とも戦っていた。とりあえず陰性反応の結果を受けた選手たちも、「もしかしたら、たまたま陰性だったのではないか。自分も既に感染している可能性があるのではないか」と心配しながらプレーしていた。

特別に何か悪いことをしたわけではないのに、メディアにもあることないことを報じられた。
チームから一気に活気が失せ、とても戦う集団とは思えなかった。そのムードは、ウイルスに感染した選手たちがチームに復帰してからも変わらなかった。

ウイルスは、選手たちのメンタルも蝕んだのだ。

6連敗目を喫した10月24日のバファローズ戦の試合後に、僕はコロナ騒動が起こってから初めて全体ミーティングを開いた。その月の上旬まで優勝争いを繰り広げていたホークスとのゲーム差は9・5ゲームにも広がっていた。

そのミーティングで僕は、選手たちに次のようなメッセージを送った。

「これまで君たちがシーズンを戦ってきた結果、今チームは2位に位置している。
だから下を向く必要はない。
もう一度、優勝争いをするために上を向こう！
ただ、このプレッシャーに勝てないようなら、優勝を目指すのは諦めた方がいい。
優勝争いを勝ち抜くためには、もっと大きなプレッシャーと戦うことになる。
逃げるのは簡単だ。でも、それではプロとして成長できない。
そのプレッシャーに打ち勝つことがプロ野球選手としての醍醐味でもあり、
その壁を乗り越えることが優勝につながるんだ！」

このミーティングの翌日、連敗はストップしたが、次の日から再び4連敗。ただ、選手たちの眼の色は変わった。そこからはベテラン選手を中心に、毎日のように個別にミーティングを開き、選手たち自らチームの雰囲気を盛り上げようと努力してくれた。

10月27日にホークスの優勝が決まり、マリーンズとしての戦いのフェーズは、ライオンズとの2位争いに展開していく。そして迎えた11月8日。どん底から這い上がったチームは、ＣＳ進出権をかけた直接対決を制した。

１年前……２０１９年シーズンの終盤も、僕らマリーンズはＣＳ進出をかけて3位争いを展開していた。しかし、シーズン最終戦となるライオンズ戦では、プレッシャーによる自滅の形で大敗。目の前で優勝を決められた。そして最終的にはイーグルスにかわされ4位でシーズンを終えた。

その1年前の戦いぶりを考えると、２０２０年シーズンのＣＳ進出に大きな意味があると理解できるはずだ。選手たちは、自らの手で一つの壁を乗り越えた。

あの日、僕らマリーンズは、確実に次のステージにコマを進めたのだ。

本書『もう下剋上とは言わせない』では、これまでの3年間、僕がどのような考えのもとにチーム作りに臨んできたかを述べている。本書内でも記したが、僕は現役時代に野手だったので、基本的に投手に関する調整や育成については、専門家である投手コーチたちの意見を尊重してきた。だから、この本では主に、野手に関して、彼らにどのような選手になってほしいか、どんな意識を持ってプレーしてほしいか、僕が思っていることを書かせてもらった。

3年前、監督就任に際し僕は、球団側に「マリーンズ黄金時代到来」というビジョンを共有してほしいとお願いした。本書をここまで読んでくださった方なら理解してくださると思うが、僕の言うビジョンの共有とは、「チーム・球団の5年後、10年後を一緒に考えましょう」という提案だ。

僕が現役選手としてプレーしていたころから、マリーンズというチーム・球団には独特の風土があった。良く言えば自由。悪く言えば行き当たりばったり。チームの10年後の姿を見据えている人は誰もいないように思えた。

選手は一生懸命に努力し、コーチも熱心に指導する。そうやって上達して競争を勝ち抜いた選手がレギュラーに定着。そして、そういう選手が何人か揃った時期にAクラス入り。しかし、長期的視点が欠けているため、長続きしない。

ドラフトに関しても、その年の目玉選手や才能ある高校生を指名しながら、チームの弱点は即戦力選手で補うという狙いはあるものの、やはり長期的視野に欠けるために、結果的に「このポジションの、この年代の選手がごっそりいない」という偏ったチーム編成になってしまう。

少し失礼な言い方だったかも知れないが、僕にはそう感じられた。だが、そのやり方では、何年も続けて優勝争いをするような強豪チームになれない。

だから僕は球団にビジョンの共有をお願いしたのだ。

監督就任時の話し合い通り、これまでの3年間、球団側は僕の意見に耳を傾け、協力的にチーム改革をサポートしてきてくれた。

特に、2018年に松本尚樹さんが球団本部長に就任され、2019年オフに球団オーナー代行の河合克美さんが球団社長を兼任されるようになってからは、さらに良好な関係が築けているように思う。

球団の体質が変わりつつあることは、マリーンズファンのみなさんも感じているのではないだろうか。

2018年オフには、広島東洋カープからFA宣言した丸佳浩選手（現読売ジャイアンツ）の獲得に名乗りを上げる。結果的に契約成立とはならなかったが、マリーンズが大物FA選手の獲得に動くことなど、それまでにはなかったことだ。

翌2019年オフには、実際に美馬、福田の2人のFA選手を獲得。一度に2人の

ＦＡ選手が入団するのは、球団として初めてのことだったという。

　また２０１９年には2億円の予算をかけてチーム戦略部が新設された。そのチーム戦略部を中心に２０１９年シーズンの戦いぶりを分析。6回と8回の失点が多く、そこが逆転負けが多い原因だと判明する。そして、その弱点を補強するために、外国人選手枠を2枠も使って、ジャクソンとフランク・ハーマンを獲得。こんな的確なチーム編成方針は、以前のマリーンズには見られなかった。

　プロスポーツチームを経営する上で、球団の黒字化は最も重要視すべき事柄の一つだろう。ＮＰＢの各球団は、オーナー企業である親会社を持つが、それでも永続的にチームを存続させるためにも、健全経営は大切なことだと思う。

　黒字化の基本は、言うまでもなく増収＆コストカットだ。

　たとえば、観客数動員数を増やして収益をアップさせる努力をしながら、一方では、できるだけ予算を削減していく。当然、チーム編成予算に関しても、そのコストカットの対象だ。

大まかに言えば、以前のマリーンズは、こういうチーム経営方針だったように思う。監督の立場としては、「多少赤字になってもいいから、いい選手を獲得してほしい」というのが正直な気持ちだが、一方では、黒字化を維持する上で、そういう考え方も理解できた。

監督の立場でも、球団フロントの立場でも、「マリーンズを良いチームにしたい。強いチームにしたい」という認識は共通している。ただ、立場や条件が違えば当然、考え方ややり方、優先順位なども変わってくるだろう。

だから、もし僕が監督として1年契約を結び絶対に結果を出さなければならない立場だったら、この本で何度も強調してきた「若手育成」の方針は後回しにするかもしれない。選手の復調を待つような我慢はせずに、調子の良い選手を取っ替え引っ替え起用するだろう。

ただ、それではマリーンズに黄金時代はやってこない。

ここ数年、なぜ球団の体質が変わってきたのか？
積極的な補強に乗り出し、「チームを強くする」ことを第一に考えてくれるようになったのか？
それは河合オーナー代行兼球団社長が、ロッテホールディングス、ロッテの取締役を務められていたという立場もあり、長期的な視点を持ってくださっているからに他ならない。

短期的にチームが強くなったからと言って、必ずしもそれがチームの利益に直結するとは言えない。そのシーズンだけは観客動員数が増えるかもしれないが、それは一過性に過ぎないだろう。補強費をかけて好成績を残せたとしても、その分をすぐに回収できるかは疑問だ。

しかし、継続的に強いチームになれれば、マリーンズというチームのブランド力が上がる。スター選手が何人も在籍する人気チーム……マリーンズブランドが確立されたときに初めて、目に見える形で、または見えない形で「強いチーム」として、利益を生めるのだと思う。

もちろん、そんなチームを作り上げるためには膨大な時間が必要になってくる。だからこそ、僕は球団側にも長期的なビジョンを共有してもらったのである。

僕が監督に就任してからの3年間、チームは1点に拘る野球に取り組んできた。どちらかと言えば地味な野球で、派手に打ち勝つような試合はほとんどなかった。

その戦いぶりと同じように、シーズン成績も5位（2018年）→4位（2019年）→2位（2020年）と、地味に一歩一歩、ステップを上ってきた。

現在のマリーンズには、二段飛ばしで一気に駆け上がる力はないかもしれない。しかし、その分、階段を踏み外す心配もない。

その1点に拘る姿勢をより鮮明にするために、そしてファンに伝え共有してもらうために、2021年マリーンズは、「Team Voice（チームボイス）」と題する中長期的ビジョン&メッセージを発信した。

その内容は、以下の通りだ。

【Ｔｅａｍ Ｖｏｉｃｅ】

「惜しかった。あと1点が取れていれば。あの1点を守れていれば。それで落としてきた白星がいくつある？　本当に信じているか？　優勝して、日本一になって、常勝軍団になることを。その唯一の方法は、今日も、明日も、勝つしかない。1点でも相手より多くとって、その1点を守りきる。目の前のチャンスをつかみ取り続ける。だから俺たちは熱狂する。その粘り強さに。その本気の執念に。その1点が、明日を変える。」

そして、この【Ｔｅａｍ Ｖｏｉｃｅ】に基づき、２０２1年のチームスローガンを

『この1点を、つかみ取る。』

に決定した。

チャンスでのタイムリーヒットや勝負所でのホームランが出れば、最高だろう。しかし、1点の取り方はそれだけではない。進塁打に、一死三塁からの内野ゴロ……価値のある凡打だってある。3点リードしていても、さらにもう1点奪いに行く姿勢は大切だ。

相手に簡単に先の塁を与えてはいけない。しっかりタッグするという基本的なプレーが、勝敗を左右したりする。攻めた結果の四球には意味がある場合もあるだろう。

単純に打つ、投げる、守る、走るだけが野球ではない。重要なのは、選手それぞれが「1点に拘る姿勢」を深堀すること。そして、全員でそのビジョンを共有することだ。

僕の生まれた1974年以来のレギュラーシーズン優勝を目指して……。常に優勝争いをする強豪チームを目指して……。

僕の眼には、もう数ステップ階段を上った先にある「マリーンズ黄金時代」の姿が、ハッキリと映っている。

もう下剋上とは言わせない!

2021年　開幕　千葉ロッテマリーンズ監督　井口資仁

井口資仁
千葉ロッテマリーンズ 一軍監督成績

2018年（就任1年目）

チーム成績

143試合　59勝81敗3分　勝率.421
（パ・リーグ5位）

得点	534（パ・リーグ5位）	盗塁	124（パ・リーグ2位）
失点	628（パ・リーグ5位）	打率	.247（パ・リーグ4位）
本塁打	78（パ・リーグ6位）	防御率	4.04（パ・リーグ5位）

TEAM LEADER

打率	井上晴哉	.292	勝利	ボルシンガー	13勝
本塁打	井上晴哉	24本	奪三振	涌井秀章	99奪三振
打点	井上晴哉	99打点	防御率	涌井秀章	3.70
安打	中村奨吾	157安打	HP	松永昂大	28HP
盗塁	中村奨吾	39盗塁	セーブ	内竜也	26セーブ

2019年（就任2年目）

チーム成績

143試合　69勝70敗4分 勝率.496
（パ・リーグ4位）

得点	642（パ・リーグ2位）	盗塁	75（パ・リーグ4位）
失点	611（パ・リーグ4位）	打率	.249（パ・リーグ5位）
本塁打	158（パ・リーグ3位）	防御率	3.90（パ・リーグ4位）

TEAM LEADER

打率	荻野貴司	.315	勝利	石川歩 種市篤暉	8勝
本塁打	レアード	32本	奪三振	種市篤暉	135奪三振
打点	レアード	89打点	防御率	規定投球回到達者なし	
安打	荻野貴司	160安打	HP	松永昂大	27HP
盗塁	荻野貴司	28盗塁	セーブ	益田直也	27セーブ

2020年（就任3年目）

チーム成績

120試合　60勝57敗3分　勝率.513
（パ・リーグ2位）

得点	461（パ・リーグ5位）	盗塁	87（パ・リーグ3位）
失点	479（パ・リーグ2位）	打率	.235（パ・リーグ6位）
本塁打	90（パ・リーグ4位）	防御率	3.81（パ・リーグ2位）

TEAM LEADER

打率	中村奨吾	.245	勝利	美馬学	10勝
本塁打	マーティン	25本	奪三振	美馬学	88奪三振
打点	井上晴哉	67打点	防御率	美馬学	3.95
安打	中村奨吾	105安打	HP	ハーマン	26HP
盗塁	和田康士朗	23盗塁	セーブ	益田直也	31セーブ

打点	盗塁	犠打	犠飛	四球	死球	三振	打	打率	出塁率	長打率	OPS
23	3	2	1	24	8	67	4	.203	.304	.369	.673
66	12	15	4	28	8	121	6	.221	.280	.432	.712
47	14	4	3	38	9	113	13	.224	.310	.384	.694
23	5	5	1	15	2	29	5	.247	.317	.457	.774
97	44	9	2	61	12	117	14	.261	.346	.475	.821
53	21	5	2	27	10	84	8	.259	.317	.423	.740
109	42	1	6	81	14	81	10	.340	.438	.573	1.011
89	18	0	8	47	9	90	14	.333	.394	.549	.943
71	15	11	6	47	6	114	16	.278	.342	.438	.780
67	11	8	2	59	3	110	7	.281	.352	.422	.774
31	8	1	3	44	2	65	5	.251	.340	.382	.722
12	6	1	3	13	1	23	1	.304	.361	.442	.803
43	14	2	6	57	3	88	6	.267	.347	.400	.747
24	8	1	0	26	0	75	11	.231	.292	.304	.596
0	0	0	0	0	0	0	0	.286	.286	.429	.715
24	8	1	0	26	0	75	11	.232	.292	.306	.598
65	4	0	1	68	13	101	11	.281	.391	.475	.866
103	2	0	7	98	14	114	13	.294	.412	.476	.888
73	1	0	7	72	9	96	11	.265	.362	.375	.737
60	3	0	4	53	16	99	11	.255	.343	.384	.727
83	4	0	4	67	10	81	13	.297	.390	.511	.902
49	1	0	3	40	8	74	7	.238	.326	.389	.715
28	1	0	0	21	2	65	4	.247	.316	.410	.726
34	1	0	3	19	2	50	1	.257	.341	.408	.749
15	0	0	2	19	0	27	4	.244	.340	.350	.690
1017	176	41	58	778	146	1409	149	.270	.358	.450	.808
205	48	22	14	189	12	387	40	.268	.338	.401	.739

井口資仁／年度別個人打撃成績

年度	球団	試合	打席	打数	得点	安打	二塁打	三塁打	本塁打	塁打
1997	ダイエー	76	252	217	31	44	6	3	8	80
1998		135	476	421	58	93	18	4	21	182
1999		116	424	370	38	83	15	1	14	142
2000		54	185	162	21	40	9	2	7	74
2001		140	636	552	104	144	26	1	30	262
2002		114	472	428	64	111	14	1	18	181
2003		135	617	515	112	175	37	1	27	295
2004		124	574	510	96	170	34	2	24	280
2005	CWS	135	581	511	74	142	25	6	15	224
2006		138	627	555	97	156	24	0	18	234
2007		90	377	327	45	82	17	4	6	125
	PHI	45	156	138	22	42	10	0	3	61
'07計	CWS / PHI	135	533	465	67	124	27	4	9	186
2008	SD	81	330	303	29	70	14	1	2	92
	PHI	4	7	7	0	2	1	0	0	3
'08計	SD / PHI	85	337	310	29	72	15	1	2	95
2009	ロッテ	123	530	448	71	126	24	3	19	213
2010		143	650	531	88	156	44	1	17	253
2011		140	597	509	52	135	23	3	9	191
2012		140	578	505	58	129	30	1	11	194
2013		135	566	485	68	144	31	2	23	248
2014		109	408	357	35	85	24	0	10	139
2015		87	250	227	21	56	17	1	6	93
2016		79	176	152	13	39	8	0	5	62
2017		65	144	123	9	30	7	0	2	43
NPB通算／17年		1915	7535	6512	939	1760	367	26	251	2932
MLB通算／4年		493	2078	1841	267	494	91	11	44	739

【タイトル／表彰】盗塁王2回（2001年、2003年）、ベストナイン3回（2001年、2003年、2004年）、ゴールデングラブ賞3回（2001年、2003年、2004年）

※CWS＝シカゴ・ホワイトソックス、PHI＝フィラデルフィア・フィリーズ、SD＝サンディエゴ・パドレス

STAFF

構成　田中周治
表紙・本文デザイン　下舘洋子（bottom graphic）
表紙撮影　藤岡雅樹（小学館）
写真提供　産経新聞社
編集協力　花田雪

井口資仁（いぐち・ただひと）

1974年12月4日生まれ、東京都出身。

国学院久我山高校を卒業後、青山学院大学に進学。大学在学中の1996年には日本代表としてアトランタ五輪に出場し、銀メダル獲得に貢献した。東都大学リーグでは通算24本塁打のリーグ記録を樹立するなど、「大学ナンバーワン打者」として活躍。1996年ドラフトで福岡ダイエーホークスを逆指名（1位）して入団。プロ1年目から一軍に定着し、5年目の2001年に二塁手にコンバートされると同年、自身初のシーズン30本塁打、44盗塁で盗塁王のタイトルを獲得。強打の二塁手としてダイエーの中心選手として活躍した後、2005年にメジャーリーグのシカゴ・ホワイトソックスへと移籍。メジャー1年目からレギュラーとしてチームの世界一に貢献するなど、2008年まで4年間プレー。2009年に千葉ロッテマリーンズに入団して日本球界に復帰すると、2010年の日本一に貢献するなど、2017年まで現役としてプレー。引退翌年にロッテの一軍監督に就任し、3年目の2020年にはチームをクライマックスシリーズへと導いた。

もう下剋上とは言わせない
～勝利へ導くチーム改革～

2021年3月10日　第1刷発行
2021年4月20日　第2刷発行

著　者　井口資仁
発行者　吉田芳史
印刷所　株式会社 廣済堂
製本所　株式会社 廣済堂
発行所　株式会社 日本文芸社
〒135-0001東京都江東区毛利2-10-18 OCMビル
TEL 03-5638-1660［代表］

内容に関する問い合わせは、小社ウェブサイト
お問い合わせフォームまでお願いいたします。
URL https://www.nihonbungeisha.co.jp/

Printed in Japan 112210225-112210409Ⓝ02 (210077)
ISBN978-4-537-21873-2
編集担当　岩田裕介